Jean-Rigobert Ello Ntoutoume

TOUT ŒIL LE VERRA

Jean-Rigobert Ello Ntoutoume

TOUT ŒIL LE VERRA

Éditions Croix du Salut

Cover image: www.ingimage.com

Publisher:
Éditions Croix du Salut
is a trademark of
Dodo Books Indian Ocean Ltd. and OmniScriptum S.R.L publishing group

120 High Road, East Finchley, London, N2 9ED, United Kingdom
Str. Armeneasca 28/1, office 1, Chisinau MD-2012, Republic of Moldova, Europe
Printed at: see last page
ISBN: 978-620-3-84633-1

TOUT ŒIL LE VERRA

Introduction

Dans mon itinéraire de recherche sur la religion j'ai fait une *observation pratiquante* dans les religions catholique et évangéliste protestante et je connais par cette circonstance des croyants qui témoignent avoir eu une *vision* de Jésus-Christ tout comme ceux qui publient leurs témoignages sur Internet[1]. Ces *individus concrets croyants* ont connu un changement: conversion, religion, croyance, vie, etc. Dans plusieurs cas ils continuaient de croire, mais ce n'était plus leur croyance initiale. Ces visions *énigmatiques* n'ont jamais fait l'objet d'enquêtes ni d'analyse. Le phénomène n'est pas nouveau: des *expériences de vision,* au sens de voir une divinité avec ses yeux, ont engendré des dissidences, groupes, églises, sectes ou sites religieux de pèlerinage, etc, comme les visions de Simon Kimbangu né en 1889 ont donné naissance à l'Eglise du Kimbanguisme en 1921; ou le sanctuaire de Lourdes, — haut lieu du catholicisme — dans le sud de la France, conséquence d'*apparitions maritales* en 1858 à Bernadette de Soubirous née en 1844. Aujourd'hui la multiplication des visions de Jésus-Christ permet de revenir sur *la question de l'origine de la religion* initiée par Emile Durkheim. La religion comme système de croyance émerge-t-elle d'une adhésion totémique ou d'une vision transcendante ? Qu'est-ce que ces croyants visionnent de nos jours (qui ne sont pas *la fin des temps* dont il est écrit *voici Il vient avec les nuées et tout œil le verra même ceux qui l'ont percé*) : dieu ou idole Jésus ou sosie ? Comment opère le mécanisme de la vision ? Telle est le questionnement qui préoccupe; auquel on se propose de répondre en enquêtant, et analysant douze visions recensées sur Internet. Cinq points suivants abordent: la vision créatrice de mouvement religieux, cinq visions individuelles, des éléments de compréhension et d'explication, que dit le texte ?, et l'enjeu de la vision.

[1] J'ai enquêté sur le phénomène de la vision de Jésus à travers Internet. Voir les 14 visions dont 12 sont extraites de supports vidéos. La démarche de collecte des vidéos permet de prendre du recul par rapport à l'*observation pratiquante.* Les témoins sont considérés « *e-témoins* » et leurs vidéos des e-témoignages de visions qu'ils communiquent.

1. La vision créatrice de mouvement religieux

Pourquoi certaines visions ?

De quelle manière une vision permet le charisme à l'origine de la création d'un *mouvement religieux* ou un *lieu sacré* ? Pourquoi les visions d'autrefois donnaient naissance à des mouvements religieux tandis que celles de l'ère ultramoderne des médias, Internet et les réseaux sociaux ne donnent pas toujours naissance à des mouvements religieux ou plutôt donnent naissance à des sectes dont les membres sont *des followers*[2] qui partagent la croyance (Hervieu-Léger, 2010) ? L'ère des créations des religions instituées est-elle vraiment révolue pour ne laisser place qu'à la création individuelle de sectes ? La question de *l'origine* aurait été pliée hâtivement depuis Emile Durkheim dans sa conception de l'*Irréligion de l'avenir:*

> « *La sociologie de la religion a cherché à démystifier la religion, mais ce fut au prix de la création d'un nouveau mystère: celui des origines. Cette démystification, mue par une volonté démocratique et rationaliste de rendre aux hommes la causalité de la transcendance qui leur échappe et les opprime, aboutit à leur ôter toute part sur les commencements, sur l'origine et — plus grave — à leur inculquer l'illusion que le secret a été percé ! Les origines de la religion restent ainsi un mystère pour la théorie sociologique, tandis que le champ même de la religion — c'est le second aspect de cette cécité épistémologique — se trouve rabattu sur le champ de la politique de telle sorte que la sociologie de la religion se prive des moyens de penser — dans sa propre spécialité — la nature de son objet électif.* » (Trigano, 2001, p. 255-256).

Durkheim considérait la religion comme un moment fondateur étant simultanément le produit d'une coercition du groupe sur les individus. La religion est rabattue ou devient *une métaphore de la politique*. Avant sa préconisation méthodologique un peu tardive, Durkheim a appliqué au fait religieux deux niveaux d'explication et compréhension: celui que vit *le croyant* et celui de l'analyse sociologique qui est souvent loin d'assumer ce que vit le croyant dans sa propre réalité mais qui n'est pas toujours comme le soulignait aussi Bourdieu après lui *une illusion*. En ce sens la sociologie durkheimienne procède par *analogies*. Elle produit une connaissance du religieux à l'envers, opposée à celle de la théologie avec laquelle elle s'efforce de rompre. La sociologie devient une autre forme de théologie; une connaissance *négative* par *l'effet du langage savant*:

> « *Il y aurait ainsi comme une « théologie secrète » de la sociologie de la religion, une théologie négative de la religion, une théologie matérialiste de la religion... Durkheim est le*

---

[2] Le terme de follower peut impliquer celui de suiveur ou encore de disciple.

> *seul théoricien qui ait pleinement senti cela en substituant en toute conscience la société à Dieu et donc la sociologie de la religion à la théologie.* » (Trigano, cit., p. 277).

Durkheim dit de Dieu ce qu'il n'est pas ou fait avec la société une analogie osée. L'individu concret croyant considère Dieu comme au-dessus de lui, transcendant; le sociologue dit au contraire que *l'individu* est dans la société ou, ce qui revient au même, dans Dieu. *La théologie négative* dit donc de Dieu ce qu'il est loin d'être. Cette critique à l'endroit de Durkheim rappelle les analyses de Berger lorsque celui-ci compare les mathématiques avec les religions: « *si les mathématiques sont considérées comme des constructions humaines (comme la religion) « personne n'a suggéré que par conséquent la science moderne doit être considérée comme une grande illusion »...* ». Par conséquent la sociologie de la religion et la théologie procèdent de démarches qui pourraient être *parallèles* en ayant des similitudes voire même des convergences dans des catégories de la critique.
La religion est le processus de la fusion des individus dans la société. Elle peut être une marque profonde de cette société au cœur de la spyché de l'individu. Mais il reste le problème de l'origine véritable qui se cristallise dans le fondement épistémologique de sa théorie. Comment la religion peut-elle être à la fois *la base* de toute forme de *sacré* tout en étant le lieu et moment de projection de l'identité de l'ensemble de la société ? La réponse en terme de *primitif* semble relever « *de l'ordre du mythe et d'une reconstruction tout à fait imaginaire et hypothétique* » (Trigano, cit., p. 257). La théorie rationaliste reposerait sur *un mystère transcendant* que l'approche empirique n'a pas constaté. Elle nie tout transcendant qui pourrait être mieux qu'un *totem* non humain: un individu concret. Cet individu dont le texte dit: « *Voici, il vient avec les nuées. Et tout œil le verra, même ceux qui l'ont percé ; et toutes les tribus de la terre se lamenteront à cause de lui. Oui. Amen !* ».

La multiplication des visions de Jésus

Même si la religion, dit Berger, dépasse les individus et les communautés pour s'expérimenter dans des *espaces* ou dans différents médias et internet; il n'est pas encore donné à tous les individus de voir le Messie. Dans cette optique en guise de détour l'émission de télé-réalité évangélique *He is Alive* aux USA, à la suite d'un gigantesque casting à l'échelle mondiale, invitait des millions de téléspectateurs à voter pour *le messie des temps modernes* (Bronner, 2022) parmi treize candidats aux aptitudes extraordinaires pour qu'il n'en reste qu'un seul qui devient ce messie *élu*. Or la terre compte des milliards d'humains. L'idée de l'émission laisse penser que le messie serait déjà retourné sur cette terre c'est annoncé dans le livre de l'Apocalypse ou Révélation. Au fond elle interroge sur *l'expectative* de Jésus qui à

son retour se fera par la terre entière. Autrement dit lors du retour prévu de Jésus dont la date est inconnue de lui-même, il sera vu de tous les hommes sur la terre entière; un peu comme le soleil peut être vu simultanément par l'ensemble des habitants d'un continent lorsqu'il brille au zénith. S'il est déjà de retour pourquoi seulement quelques millions peuvent-ils le voir et non toute la terre ?
Aussi jubilatoire et sombre que peut être ce récit de Bronner, le phénomène télé-évangélique de la présence du messie sur la terre ne laisse pas indifférent tant et si bien qu'il rappelle les *visions* déjà indiquées[3]. D'où la persistance globale de la question: Qu'ont-ils expérimenté dans la vision religieuse et/ou virtuelle, Jésus authentique du texte de la Apocalypse ou son sosie ? L'exploration des visions qui suit se propose d'y répondre en présupposant que: « *Les gens religieux ne croient plus naïvement, dit encore Charles Taylor, mais savent que leur croyance est une façon de voir qui se réfléchit sur d'autres façons de voir.* » (Gotman, 2013, p.15).

2. Six visions individuelles

Parmi les douze, six visions sont décrite et expliquées. Le choix de ces six ne répond à aucun critère en particulier: pour des question notamment de la longueur du texte et pour ne pas l'alourdir il n'est pas possible d'examiner dans le détails douze visions. En revanche elles sont prises en compte et parfois évoquées plus loin dans le texte. Les six visions qui suivent sont identifiées analytiquement par l'un des mots qui semble le mieux décrire Jésus-Christ visionné: Beau, Gentleman, Roi, Amant, Puissant et Juif.

1 : *Beau*

> *« Au moment de la consécration sur l'autel, vous savez quand les prêtres consacrent le pain et le vin et qu'il devient le Corps et le Sang de Jésus et jusqu'à la communion, j'ai vu le visage de Jésus qui est apparu sur l'autel. Je l'ai vu avec mes yeux. Il était grand il était très beau et ce qui m'a bouleversée c'est que ce visage: il avait une couronne d'épines qui partait du haut de la tête jusqu'en bas derrière dans la nuque. C'était une couronne immense et c'était une telle souffrance. On voit toujours des représentations avec Jésus qui a une petite couronne, etc., une couronne d'épines; mais c'était quelque chose de très impressionnant, d'immense. Et il avait des yeux qui étaient bleus, qui étaient tournés vers le ciel vers son Père. Il ne m'a pas parlé mais j'ai senti dans mon cœur à ce moment là, j'ai senti combien Jésus aimait son Père, combien il avait donné sa vie pour nous sauver. J'ai senti qu'il m'aimait qu'il m'aimait moi, qu'il aimait le monde entier. J'ai senti aussi combien ma souffrance il l'avait portée, il l'avait vécue, qu'il comprenait ce que j'avais pu souffrir.*

[3] Ils affirment comme dans l'émission avoir vu le messie qui est attendu par toutes les tendances du *Christianisme*; aussi bien les églises traditionnelles que les nouveaux groupes charismatiques. Soit il s'agit de Jésus le messie vu sous la forme humaine; soit encore son apparence rappellerait celle des Ecritures.

J'ai senti combien il me pardonnait aussi des péchés que j'avais pu faire. J'ai senti tout l'amour de Dieu et j'ai vraiment eu à partir de ce moment-là quelque chose qui a changé dans ma vie, une compassion aussi pour pour les gens qui souffrent pour les plus pauvres. Il y a quelque chose qui s'est passé à ce moment-là, qui a changé dans mon cœur. ».
(Marthe Quinet).

Marthe Quinet est chrétienne catholique et professeur de français engagée dans l'humanitaire au Liban. A l'époque où elle expérimente sa vision de Jésus elle était étudiante dans une prépa Hypokhâgne Khâgne. Il y a beaucoup de travail dans cette école qui fabrique l'élite. Elle n'a pas assez de temps; elle stresse et devient quasi anorexique. Elle tombe très gravement malade; tandis que la compétition force certains étudiants à l'abandon. Un soir de désespoir elle est envahie de pensées noires de suicide. Elle est dans un état terrible. Mais elle prie et promet au Seigneur d'aller neuf fois de suite à la messe si elle guérit. Le Seigneur la guérie même si la guérison n'est pas totale. Elle en garde l'espérance car elle a aussi vécu une expérience où elle est épargnée d'un accident sur l'autoroute A130 par son *ange gardien*.
Le témoignage de Marthe livre un texte presqu'entièrement dissonant. Au moment où elle avait failli se suicider elle dit avoir attrapé une Bible: « *J'étais isolée j'étais loin de ma famille et j'étais dans ma chambre et ce soir là ça n'allait pas du tout. J'ai senti dans mon coeur que le Seigneur me poussait à aller ouvrir ma bible, elle était restée dans ma bibliothèque au cas où ça pourrait me servir pour mes études. J'ai pris cette bible, j'ai ouvert et regardez sur quoi je suis tombée en ouvrant. C'est l'ecclésiastique chapitre 30: "Ne te laisse pas aller à la tristesse et ne t'abandonne pas aux idées noires. La joie du coeur voilà la vie de l'homme. La gaité voilà qui prolonge ses jours. Trompe tes soucis, console ton cœur chasse la tristesse car la tristesse en a perdu beaucoup." Frères et sœurs je peux vous dire qu'en lisant ce passage qui correspondait exactement à ce que j'étais en train de vivre, j'ai senti la présence de Dieu.* ».
Dans la Bible Louis Second, le livre de *l'Ecclésiaste* n'a que douze chapitres. En revanche c'est le livre des *Proverbes* qui a trente et un chapitre, en fonction des traductions. Certes les deux livres sont écrits par le même auteur, Salomon, mais de plus le chapitre 30 du livre des Proverbes ne fait pas mention de la tristesse, des idées noires. Il ne parle pas de la joie du cœur comme de la vie de l'homme; ni même de la gaité pour prolonger ses jours. De quoi traite le chapitre 30 du livre des Proverbes ? Du *manque de sagesse.* Il dit aussi que « *toute parole de Dieu est éprouvée* ». Elle parle: *du pain nécessaire;* de certaines races dont celle qui *se croit pure; de la mendicité; de moqueur; de l'adultère;* de certains *animaux.* Peut-être que Marthe fait allusion aux versets 32 et 33 au chapitre 30 du livre des Proverbes.

« *Si l'orgueil te pousse à des actes de folie,*
Et si tu as de mauvaises pensées, mets la main sur la bouche:
Car la pression du lait produit de la crème, La pression du nez produit du sang, Et la pression de la colère produit des querelles. »

Marthe a peut-être utilisé une autre version de la Bible peu courante (apocryphe) ou un livre, un commentaire, etc., lui indiquant un hypothétique chapitre 30; parmi ceux qui font la culture du catholicisme. Mais elle n'a probablement pas utilisé une Bible simple. Cela discrédite-t-il son témoignage ? L'essentielle est qu'en croyant son texte est un appui pour échapper au suicide.
La description de Jésus en revanche est tantôt plus ou moins biblique tantôt plus ou moins réaliste. Elle affirme avoir vu Jésus de ses propres yeux. Elle le décrit comme apparaissant sur l'autel et étant: *grand*; *très beau*, portant une couronne d'épine sur le haut de *la tête* jusque derrière *la nuque*. Il avait *des yeux bleus*, tournés au ciel vers son Père.
Sa relation avec Jésus-Christ passe au travers son ressenti et ses émotions. Jésus ne lui parle pas; elle non plus ne lui dit rien. Mais la relation n'est pas pour autant inexistante. Elle *sent* plusieurs choses: l'amour de Jésus pour son Père, pour elle-même et pour le monde; la compassion de Jésus qui a porté sa souffrance; le pardon de ses péchés. Enfin Marthe vit un *changement* dans sa *vie:* son regard sur les plus pauvres, les malades change, et l'amène à s'engager à leur apporter une assistance. Le changement est profond: « *J'ai senti combien il me pardonnait aussi des péchés que j'avais pu faire. J'ai senti tout l'amour de Dieu et j'ai vraiment eu à partir de ce moment-là quelque chose qui a changé dans ma vie, une compassion aussi pour pour les gens qui souffrent, pour les plus pauvres. Il y a quelque chose qui s'est passé à ce moment-là, qui a changé dans mon cœur.* ».

2 : *Gentleman*

« *Alors cette histoire se passe en 2017, un peu après mon baptême du Saint-Esprit. C'était le soir, j'étais en train d'écouter des cantiques. J'étais allongée sur mon lit avec la petite veilleuse. Et il y a un cantique qui m'avait donné envie de danser c'était [réfléchit]: "Dieu Tout-puissant quand mon cœur considère tout l'univers na na na na [rires]". Bref, c'était un cantique où c'était un peu plus rythmé ce n'était pas parce que c'est un vieux quantique, ce n'était pas, le son n'était pas c'était un peu plus rythmé. Du coup ça m'avait donné envie de danser dessus, et je me mets derrière la porte de ma chambre pour que si jamais mon mari rentre il ne me voit pas en train de danser. Donc que je m'étais mise juste là où on met les pyjamas, juste derrière la porte. Et là je suis entrain de danser et je m'imagine avoir une robe un peu comme une robe de princesse [geste de la main] une robe comme ça. Donc je tiens ma robe comme ça et dans mon imagination je fais da da da [pas de danse]. Bref j'étais en train de danser et à un moment donné, je vois une [réfléchit] une espèce d'écharpe, comme ça, rouge; [fait le geste sur sa poitrine] dans ce sens là, et je me dis ha ! c'est l'écharpe de Jésus. Ne me demandez pas pourquoi j'ai dit que c'était les l'écharpe de Jésus, j'en ai aucune idée comme si je la reconnaissais c'est comme si je le connaissais déjà aisément. Et c'était peut-être un manteau, je sais pas, un truc comme ça; et, dès que j'ai dit ça: Jésus apparaît à la tête de mon lit, là où il y a mon coussin. Je le vois comme assis, et je l'ai tout de suite reconnu. J'ai su que c'était lui. Quand je dis que je l'ai vu, j'ai pas imaginé l'avoir vu, je l'ai vu, comme quand on voit une vraie personne, comme quand je vois mon mari, une vraie personne. Donc il était assis à tête à tête de mon lit, sur le coussin, oui. Et là je le regarde comme ça: c'est Jésus ! là je la regarde bien et je me dis je me rappelle avoir dit: regarde le bien c'est peut-être la dernière fois que tu verras ça dans ta vie, regarde bien. En fait c'est comme s'il lisait dans mes pensées je sais qu'il lit dans mes pensées. Donc en ce moment-là il a souri, et c'était le sourire le plus merveilleux du monde. Je le regardais comme ça sourire et, c'était un sourire [silence], d'une personne en fait qui avait beaucoup souffert. C'était pas un sourire, oui vraiment d'une personne qui avait beaucoup souffert; et Jésus a beaucoup souffert pour nous. ».* (Nancy).

Nancy[4] est une chrétienne protestant évangélique. Elle a l'habitude de courtes vidéos sur Internet: Instagram et Youtube où elle a une chaîne avec a un pseudo identifié: Merveilleux Jésus. Elle témoigne souvent de sa vie chrétienne et d'autres thèmes chrétiens. Elle n'a pas répondu à mes messages. D'où si l'on sait peu de choses sur elle. Sa vision est un peu spécifique. Elle a lieu dans sa *chambre* en privé et complète intimité contrairement à Marthe qui était en pleine messe. Sa vision de Jésus-Christ intervient en 2017 alors qu'elle est simplement entrain d'écouter de la musique chrétienne et est prise d'envie de danser sur un ancien cantique très connu dans le christianisme mondial.
Il fait en effet partie des hymnes chrétiennes et a souvent été repris sous plusieurs versions et langues. Le texte célèbre la grandeur et la toute-puissance du *Dieu créateur.* Ce texte est à l'origine un *poème* du pasteur suédois Carl Boberg intitulé: O store Gud (Oh mon Dieu) écrit en 1885 et mis en musique sur un air traditionnel suédois. Mais le texte a été adapté à quantité de mélodies dont l'une des plus connues est russe. La version française actuelle a été traduite par Hector Arnéra. Quelques extraits de vers: *Dieu Tout-puissant que tu es grand; O Dieu d'amour que tu es grand.* A défaut de reprendre l'intégralité de la version française, on peut rappeler la troisième strophe du cantique:

« *Mais quand je songe, Ô sublime mystère !*
Qu'un Dieu si grand a pu penser à moi;
Que son cher Fils est devenu mon Frère,
Et que je suis l'héritier du grand Roi… »

Cela précisé, pendant qu'elle esquisse ses pas de danse en écoutant une version très rythmée du cantique elle est comme surprise de la présence de Jésus dans sa

[4] Pseudonyme pour respect de l'anonymat dans la vidéo.

chambre, sur son lit. Lorsque Jésus lui apparaît elle un peu déconcertée. Elle ne le reconnaît pas lui-même directement mais à travers *l'écharpe* rouge qu'il porte.
La description de Jésus-Christ est plus ou moins sommaire. Jésus porte aussi un *manteau.* Il est *assit* sur le lit. Il lit dans ses pensées. Il *sourit* d'une manière qui révèle qu'il a beaucoup souffert.
La relation qui s'établit entre Nancy et Jésus passe par le regard. Ils ne se parlent pas. Nancy insiste sur la vue physique: *comme une vraie personne*, *comme son mari;* et sur le regard à la fois insistant et fuyant qu'elle pose sur Jésus. Elle le regarde *bien* en se disant que cela pourrait être une expérience unique et que Jésus pourrait disparaître d'un moment à l'autre comme il est apparu. Et c'est ce qui se produit, pendant qu'elle a la tête tournée ailleurs, Jésus disparaît:

> « *Et donc quand je le vois sourire et à un moment donné je fais [tourne la tête à gauche] genre si je regarde l'autre côté peut-être qu'il va partir donc je continue de danser mais dans le sens contraire, et comme Dieu est un gentleman en fait si on veut pas on veut pas. Il va pas nous forcer à le voir. Alors quand je suis revenue dans vers ce sens-là pour voir s'il était encore là, et il était parti.*» (Nancy).

La disparition de Jésus l'attriste profondément et elle pense qu'elle a commis un péché. Elle s'en veut et ressent une espèce de haine en elle. Dès lors elle n'aura de cesse de confesser ce qu'elle considère comme un péché jusqu'à ce qu'elle ait la certitude d'avoir été pardonnée. C'est en 2019, pendant qu'elle est en prière qu'elle a une une pensée et a dialogué avec Jésus-Christ pour se faire pardonner: « *J'étais en prière, ma prière habituelle et j'ai comme senti dans... j'ai pensé... j'ai eu une pensée genre: Que veux-tu ? Et j'ai dit: Seigneur que tu me pardonnes d'avoir eu ce genre de pensées, et là il m'a dit: Je te pardonne.* ».

3 : *Roi*

> « *Alors j'ai rencontré le Christ le 1er mai 2008 vers 17h au Puy-en-Velay, c'était dans la chapelle des soeurs apostoliques de Saint-Jean c'était dans un prieuré qui s'appelle le prieuré Marie Reine et les sœurs étaient là dans cette chapelle en train de prier; elles étaient prosternées en silence, en oraison, en contemplation et je me suis assis au fond de la chapelle et j'ai quasi immédiatement vu la chapelle s'agrandir de venir grande et le Christ rentrait en roi prendre toute la place instantanément me sentir en paix, voilà; dans un bien-être que je peux pas décrire les mots peuvent pas expliquer ça enfin vraiment voilà des sentiments de plénitude d'être complètement comblé à ce moment-là. Il y avait une sorte de crainte aussi parce que il y avait une telle puissance d'être dans cette pièce que si elle n'avait pas été que bienveillante ça aurait pu ça aurait pu faire peur quoi de voir cette espèce d'énergie voilà. Et, et le Christ qui m'apparaît du coup en roi m'enseigne l'amour c'était juste magnifique tellement magnifique que il me fait vivre une extase: probablement le meilleur moment de ma vie. Alors clairement, c'était pas moi qui était en union avec lui; c'était l'union du divin et l'humain par ses sœurs qui étaient en contemplation. Mais il montre le but de la vie quelque part il me montre ce que c'est que cette vie éternelle à laquelle voilà et c'était juste magnifique et je comprenais que ça pouvait pas être pour moi. Moi je venais*

de voir un petit peu mon péché je venais de voir les voilà les choses pas belles que j'avais faites dans ma vie j'étais conscient de voilà de tout le mal que j'avais pu faire aussi et mais c'était pas grave j'étais hyper voilà. Je rendais grâce en disant mais mais waouh ! C'est dingue. Et quand cette ce qu'on peut appeler une vision, quand ça s'est arrêté j'ai vu les sœurs chantaient le Magnificat et s'occuper de l'hostie qui était exposée sur l'autel. J'avais pas remarqué. Je savais pas ce que c'était qu'une exposition du saint sacrement. Et donc elles ont rangé l'hostie dans le tabernacle derrière, là j'ai compris que cette vision elle apparaissait du Christ Roi devant le Saint-Sacrement exposé; ce qui m'a mis une immense claque. Aujourd'hui si je peux et j'essaye d'aller à la messe tous les jours, de vivre de ce sacrement de l'Eucharistie qui est l'union au Seigneur, l'Union nuptiale au Seigneur; qui est juste le sommet de la vie chrétienne. ». (Podevin Jean-Marc).

Podevin Jean-Marc est chrétien catholique. Il se décrit comme père de famille et bientôt grand-père. Il travaille dans la création de Startups innovantes surtout sur Internet. Il est ancien Vice-Président de Yahoo Europe. Il a fondé une association du nom de Entourage ou plutôt un réseau social qui vise à créer du lien entre voisins avec et sans abris. Il s'agit aussi de venir en aide partout en France aux personnes les plus démunies.
Auparavant lorsqu'il était Vice-Présent de Yahoo Europe il raconte qu'il était plutôt insatisfait. La réussite professionnelle ne le comblait pas totalement. Il avait un sentiment de manque de quelque chose sans savoir quoi. Il avait été chrétien mais il avait abandonné la prière et les sacrements. Il dit qu'il n'avait plus confiance en l'église à ce moment-là et il l'avait plus ou moins quittée. Un jour il décide aussi de quitter son travail mais il n'est malgré cela pas toujours satisfait. Il décide un jour de faire un pèlerinage à Saint-Jacques de Compostelle et fait sa vision de Jésus dans une église catholique un peu comme Marthe.
Il résume cette vision et donne peut d'éléments de description de Jésus-Christ. Il pense qu'elle n'est pas facile à *raconter avec des mots;* l'essentiel ayant été de l'expérimenter et la vivre.
Podevin voit Jésus qui *entre dans la chapelle en Roi.* La chapelle s'agrandit et Jésus prend tout l'espace. Il y a à ce moment *beaucoup de puissance* ressentie.
Il n'a pas d'échange verbal avec Jésus-Christ, et dit *se sentir en paix.* Il a *un bien-être* que ses mots ne peuvent décrire. Il sent aussi en lui de la *plénitude* et *la crainte.* Il vit une forme d'*extase* qu'il qualifie comme l'un des meilleurs moments de sa vie. Il réalise tous les péchés de sa vie et s'en repend sans doute.
Podevin pense que Jésus lui enseigne *l'amour* et lui montre le vrai sens de la vie. Il parle *d'extase* comme indiqué et pense qu'il n'était *pas en union avec Jésus-Christ*. Il en est néanmoins très bouleversé. S'il reconnaît durant ce moment une forme d'union entre le *divin et l'humain* il pense qu'elle a lieu avec les *sœurs* qui sont entrain de prier non loin de lui dans cet espace.

Lorsque le Seigneur disparait de la chapelle la vision prend instantanément fin. Les *sœurs* qui sont présentes se mettent alors à *chanter le Magnificat* et s'occupent de l'hostie. Le Magnificat est un texte de l'évangile adapté en prière chantée ou récitée mais dédiée à Marie dans les assemblées de catholiques. Il est extrait de l'évangile de Luc au chapitre 1 des versets 46 à 55. Le texte rappelle les paroles prononcées par Marie lorsqu'elle était enceinte de Jésus et qu'elle alla visiter sa cousine Elisabeth elle aussi enceinte de Jean-Baptiste. Cet épisode de l'évangile de Luc est qualifié de *Visitation.* Le texte se réfère aux livres de Samuel et aux livre des Psaumes. Il est parfois composé soit en un texte monobloc soit en plusieurs strophes jusqu'à cinq ou six selon les traductions bibliques adaptées. On peut rappeler la première strophe du Magnificat:

> *« Mon âme exalte le Seigneur, Et mon esprit se réjouit en Dieu, mon Sauveur,*
> *Parce qu'il a jeté les yeux sur la bassesse de sa servante.*
> *Car voici, désormais toutes les générations me diront bienheureuse,*
> *Parce que le Tout-Puissant a fait pour moi de grandes choses. Son nom est saint. ».*

Podevin comprend que l'eucharistie représente *l'union* du croyant au Seigneur, le sommet de la vie chrétienne et *la source de toute grâce*: *« C'est là la source de toute grâce. Voilà, ça m'a beaucoup beaucoup bouleversé. Il faut que je rajoute aussi que ce 1er mai 2008 c'était le jour de l'Ascension, c'était la fête de l'Ascension qui est évidemment une fête glorieuse une fête de lumière pour nous les chrétiens. Voilà l'histoire très résumé parce qu'elle est compliquée à raconter avec des mots mais rapidement résumée ma rencontre avec Jésus en gloire le jour de l'Ascension. ».*

4 : *Amant*

> *« (Elle fait un signe de croix) A peu près 21 heures, 21h30 je rentre dans ma cave, la partie souterraine et avec le petit paquet de mon amie, le cadeau. Et je me dis il faut que je regarde qu'est-ce qu'elle m'a offert pour le ranger. J'ouvre le cadeau et je vois: Bible de Jérusalem. Elle avait collé un petit drapeau du Liban; elle m'avait marqué un petit mot: « Hayaiti, qu'elle me disait souvent, quand je désespérais. ». Soudain, j'ouvre machinalement la Bible, et je tombe sur le prologue de Saint-Jean: « Et le verbe s'est fait chair et il a habité parmi nous. ». Immédiatement tout mon être est électrifié, je me secoue, je jette la Bible; j'ai eu comme un vertige je vais pour prendre un verre d'eau au pied de l'échelle; et comme je vous vois, en personne, au milieu de l'échelle: le Christ. Je me suis jetée à ses pieds, et il a mis sa main sur la tête, et il m'a dit: Brigitte, tu n'étais plus là, mais moi j'étais là. Tu ne me quitteras plus tu seras ermite. Alors je suis restée au pied de cette échelle toute la nuit. Une nuit de lavage, de visitation complète et le lendemain matin au réveil, j'avais les mains comme cela ouvertes comme lorsqu'il est venu, et j'ai entendu: Brigitte va voir ton papa, ton père à la maison, va lui demander pardon. Il te dira pardon aussi, parce que tu dois comprendre que c'est mon Père que tu cherchais, notre Père et nous t'aimons, et nous l'aimons aussi. C'est ce que je fis. Je suis je suis allé vers mon papa*

je l'ai pris dans mes bras. Robert, pardon. Et le pardon réciproque a provoqué la conversion de papa. Et il est parti au ciel dans les bras de la vierge Marie…
Quand il s'est présenté, c'est vraiment le Christ, le visage du Christ de sœur Faustine: ses grands yeux bleus, ses cheveux marrons orientaux et c'est surtout ce regard d'amour ses grands yeux qui invitent à l'amour. Et, quand il a mis sa main sur ma tête, c'est là où tout s'est passé il y avait plus rien de matériel, c'est fini. Tout est intérieur là. Et là ce que j'ai pu ressentir cette nuit c'est qu'il m'épousait complètement c'était l'étreinte avec l'amant divin. Une étreinte de feu et une étreinte qui a complètement, comment dire, mobilisé tout mon être; et cette étreinte qui a comblé complètement tous mes désirs. »
(Mère Amma Brigitte May).

La Mère Amma Brigitte May est une « bonne sœur mère », catholique et ermite. Elle est la fondatrice de la Communauté Abana au Liban.
Elle se décrit décrit à profusion. Elle est d'abord enfant et adolescente tourmentée. Elle est blessée par l'absence de l'affection du père militaire en terrains de guerre. Il était très absent et elle manquait d'affection attendue car elle *adorait* son papa. Elle va à la recherche de cet amour perdu à Paris et fréquente la Scientologie. Mais elle comprend qu'il s'agit de la dépersonnaliser et *mettre une autre système en elle*, tandis qu'elle cherchait la liberté. Elle s'en sépare et rencontre un grand maître d'une des loges maçonniques parisiennes. Ils deviennent amis. Elle étudie la métaphysique sur l'île Saint-Louis et débute l'initiation. Avant *l'initiation sérieuse*, son ami fait une crise cardiaque. Faute d'adhésion elle fait une rencontre d'un trésorier de tous les temples bouddhistes en France dans le Sud: le temple de Dordogne, avec des moines tibétains. Elle fréquente aussi le milieu artistique et intellectuel parisien au Marais. Elle se pense comme une jeune de mai 68. Elle expérimente l'extases (papier buvard), *une petite drogue toute simple:* cannabis, etc. Dans ces milieux où elle a des passions amoureuses, elle tient à être libre. Elle est inscrite à la Sorbonne; et à Henri IV. Elle terminait un doctorat de Lettres modernes. Elle était aussi au collège Sévigné de Paris et terminait l'agrégation de lettres modernes. Elle était professeur des secondes et premières au lycée Saint-Thomas d'Aquin dans le 5e et, dit-elle, *c'était une histoire d'amour avec ses élèves parce qu'ils cherchaient eux-aussi la vérité et qui ils étaient. Alors ensemble ils cherchaient et se laissaient chercher*. Mais elle n'est pas heureuse et son bonheur est illusoire. Elle est insatisfaite, triste. Elle se fait tatouer un Ouro boros égyptien: le serpent qui se mord la queue et donc inoffensif, un grand soleil rouge avec des grands rayons et un aigle qui se déploie. Elle se lie d'amitié avec une libanaise qui lui remet une Bible en cadeau car elle avait relu son mémoire.
Le Jésus que la Mère Amma May décrit est plutôt aimant, plein d'amour pour elle. Elle le voit au niveau de l'échelle de sa mezzanine. Le Christ a le visage *du Christ de sœur Faustine:* son *regard est d'amour,* ses *yeux sont bleus, ses cheveux sont marrons orientaux.*

Le Christ *pose ses mains* sur elle. Et elle *ne ressent plus rien de matériel*. Elle sent que *tout est à l'intérieur* et qu'*elle est épousée par le Christ*. Elle vit une *étreinte qui mobilise tout son être avec cet amant divin. L'étreinte est de feu et elle comble complètement tous ses désirs.*
Après cette expérience elle ouvre les yeux et peut constater par la suite qu'au lycée Saint-Thomas d'Aquin il n'y avait pas d'oratoire ni de vierge Marie ni Christ. Elle en parle au proviseur et le grenier est mis à disposition. Des lycéens viennent souvent prier avec elle et ils décident d'aller sur les quais de Notre-Dame de Paris pour révéler à tous les jeunes: prostitués, transsexés homosexuels ou totalement drogués ou abîmés qu'ils étaient sauvés et qu'ils devaient être dans la joie d'être aimés par le père en Jésus.
Mère Amma Brigitte May fera une autre expérience décisive avec le Christ qui va l'amener à fonder un mouvement religieux.

> « *On arrive à la grotte de Saint-Antoine le grand, voilà; et là les sœurs m'expliquent à l'entrée voilà Saint-Antoine Le Grand. Un ermite qui guérit les fous, les malades et les fous. J'ai dit non, il guérit les fous aussi. Alors on entre, je vois l'autel en pierre avec les chaînes où les fous mettaient leurs mains. J'ai dit: mes sœurs, restez là. Je sais pas ce que j'ai, je suis attirée là-bas je me mets à courir, je tombe à genoux, je mets mes mains dans les chaînes, je regarde: un faisceau lumineux descends carrément sur l'autel sur moi et j'entends: Brigitte c'est sur cette terre que tu sera ermite*. » (Mère Brigitte Amma May).

Elle en par à un évêque qui lui confirme que cela vient de Dieu. Elle rentre à Paris puis reviendra pour fonder son mouvement où elle est à ce jour.

5 : *Puissant*

> *« Ce jour-là au boulot c'est exactement chez FedEx, je devais quitter un coin pour l'autre. FedEx, vous savez c'est des grands étendus c'est éventuellement, grand c'est tellement vaste; donc tu marches, tu marches. Quand je suis arrivé vraiment au milieu du FedEx je sens un pouvoir, quelque chose d'autre qui m'a soulevée, mes pieds n'étaient plus sur le sol, je savais plus toucher le sol, je veux aussi insister, mais il n'y a rien: je touchais plus le sol. Donc j'ai laissé le sol, j'étais là et puis pouf (signe des mains vers le haut). Je vous dis en pleine compagnie il y avait des travailleurs et tout et le gros coulcir là moi je marchais pour aller au bout et là devant moi c'est Jésus (se ferme les yeux avec ses mains). C'est Jésus qui apparaît. Tu peux pas dire que tu as vu Jésus quand il apparaît. Il y a toujours l'univers il est donc de marcher sur l'univers. Il m'a montré en peu de temps sa grande puissance, de quoi il est capable et tout et tout, il est apparu comme ça. Je vous dis je pouvais même pas. Tu vois tu vas à l'église, on vous dit des choses et tout mais moi Immaculée, moi qui étais réveillée, j'ai fait des choses, j'ai chanté à la chorale je suis même allée à l'église dimanche, mon papa entrain de me poursuivre partout et tout. J'étais toujours là à critiquer, à dire même vous qui faites ceci vous qui faites cela vous vous allez à l'église on vous paie même pas, faut pas aller prier, moi j'ai pas le temps, on dit le temps c'est l'argent. Il faut aller là où on va te payer, si on va te payer il faut pas faire, et ce jour-là je vous dis: au fait je souffrais j'avais un truc qui me rongeait au sein de moi, et devant moi c'est Jésus qui apparaît. Mais quand Jésus apparaît tu n'as pas, tu peux pas dire je me mets à courir tu peux pas dire je vais, donc je sais pas, en fait ce que tu auras tu te mets*

> *soit à genou soit tu es tellement étonné que tu n'a même pas de mots dans le temps qu'il apparaît, il te montre qui il est, sa force et tout, tu vois l'univers et tout ce qu'il te montre c'est lui qui guide tout, sous l'eau et tout, en si peu de temps il te montre, mais tu n'as, je ne pouvais pas crier je pouvais pas bouger, mais j'étais là en pleine compagnie et il a paru. Et quand il est parti j'étais plus moi donc j'ai arrêté de parler mais je me suis rendu compte qu'on m'a déposée parce qu'on m'avait soulevée mes pieds n'étaient plus sur terre. ».* (Immaculée).

Immaculée est une chrétienne catholique de naissance mais qui a aussi fréquenté les assemblées protestantes évangéliques. Elle poste des vidéos sur une chaine qu'elle a nommée: *Immaculée Light Access*. Elle est plutôt prolixe et manque par moment de fil conducteur. Son témoignage aborde plusieurs aspects de sa vie dès son enfance. Elle parle de sa famille dans laquelle elle a grandi dans une fratrie de onze enfants. Son enfance s'est plutôt passée avec l'un de ses grands frères. Elle a souvent voyagé mais a aussi connu la solitude du fait que son frère la laissait seule pour raisons professionnelles. Elle a des sœurs jumelles qui sont dans la médecine. Elle-même est très souffrante et a été très souvent hospitalisée sans que les médecins puissent toujours poser un diagnostic. Ses rechutes dans la maladie étaient fréquentes. Cela ne l'empêche de se considérer comme chrétienne *réveillée.* Elle a pratiqué plusieurs activités dans les églises: chorale, prière… C'est seulement au moment de sa vision qu'elle sera instantanément et complètement guérie. D'autres transformations se sont opérées en elle avec d'autres miracles. Elle comprenait plus facilement des choses auparavant difficiles à comprendre.
A côté de cette très longue présentation de sa personne, Immaculée décrit très peu Jésus-Christ. Elle est employée chez FedEx au moment où sa vision intervient dans son espace de travail où pour ne pas être considérée comme une *neuro-psychopathologique* elle n'en a parlé à personne. C'est seulement d'abord à son père puis à ses frères qu'elle se confiera. Chaque fois qu'elle en parlait à d'autres personnes hors de sa famille elle était prise pour une folle:

> « *J'ai pris tout mon temps pour faire ce témoignage aujourd'hui mais quelques personnes à qui je m'étais adressée ne m'avait pas crue, et m'ont conseillé d'aller voir un médecin, d'autres qui m'ont dit que j'étais schizophrénique peut-être; d'autres m'ont dit peut-être que je suis en train de faire des hallucinations. Je me connais, je sais ce qui m'était arrivé, je sais ce que j'avais vu, et chaque fois quand les gens me disent, ça il y en a qui se sont moqués de moi. Je leur dis toujours que Jésus lui-même, qu'il vous montre aussi si ce que je dis est vrai, si je l'ai vraiment rencontré, je ne sais pas pourquoi ça doit venir de gauche à droite comme ça; j'ai vu Jésus et vous ne voulez pas me croire. Aux gens à qui j'ai demandé de changer de devenir meilleurs, c'est pas facile. Aujourd'hui j'ai beaucoup de respect pour tous ces gens qui parlent de Dieu parce que moi-même…*». (Immaculée).

Cet extrait de témoignage, comme c'est le cas pour pour les autres interroge et prouve en partie la pertinence actuelle de la méthodologie de Durkheim. L'analyse

peut être flottante et se situer du côté du sens commun pour considérer que ces personnes visionnaires sont schizophréniques. Il n'y aurait plus donc qu'à plier la question; mais l'analyse n'aura fait que souscrire aux *a priori* du sens commun. La pertinence durkheimienne intervient lorsqu'il préconise de tenter de comprendre ce qui se passe dans la tête et dans l'esprit du croyant sans forcément empiéter dans le champ de la psychologie; mais sans l'ignorer complètement non plus. Le présupposé de l'analyse est de considérer que si Immaculée, comme les autres individus croyants, témoigne, c'est qu'il s'est produit quelque chose, un fait, en lien avec la religion et qui peut être compris et expliqué comme on le verra.
La vision de Immaculée se produit au moment où elle était entrain de partir d'un point de l'espace de travail à un autre sur un site immense lorsque dans un premier temps elle se sent en lévitation. Ses pieds décollent du sol en plein milieu d'un couloir où il y a d'autre employés qui circulent. Elle ne comprend pas ce qui lui arrive. Elle tente de remettre ses pieds sur le sol mais c'est impossible sur le moment. C'est ensuite qu'elle voit de ses propres yeux devant elle: le Seigneur Jésus-Christ. Selon elle ce Jésus lui *a montré* sa *grande puissance; de quoi il est capable; sa force.* Jésus s'est aussi révélé à elle comme le *guide.* Depuis cette vision elle considère plus que jamais que Jésus est *vrai.*

6 : *Juif*

> *« J'étais en prière je le dis bien, donc j'étais très lucide, j'avais déjà conclu, j'expérimentais déjà une vie de prière très intense avec une grande présence de l'Esprit de Dieu et de Christ par la même occasion. Et dans ce temps-là Dieu m'a saisi en quelque sorte et ma fait je vais dire presque traverser l'histoire. Je suis revenu en arrière et j'ai été plongé dans une scène que j'ai eu du mal à saisir dans un premier temps parce que je me trouvais d'un seul coup devant un personnage que je ne connaissais pas. Mais j'ai très vite réalisé qu'en réalité c'était Jésus que j'avais devant moi. On m'avait présenté un Jésus qui était souvent édulcoré: un blond aux yeux bleus, cheveux ondulés, et tout ce qui s'en suit; et là d'un seul coup je me suis trouvé devant un juif. Quelqu'un, un sémite. Et Jésus a dit que le salut vient des juifs et Jésus était réellement un juif. Et donc je me suis trouvé propulsé comme ça dans l'histoire, et j'étais comme un visiteur du temps et d'un seul coup je me trouvais à 30 35 cm du visage de Jésus. C'est Dieu qui coordonne ces choses-là je n'ai pas pu me bouger dans cette vision. Cette vision est venue vers moi d'une manière très spécifique c'est-à-dire que je voyais le regard de Jésus, je voyais son visage, j'étais à 35 cm mais je ne voyais rien du panorama environnant. Donc je veux dire que il y avait un fondu ensuite dans la vision mais pour tous ceux qui vont regarder cette vidéo, il est bien certain que vous allez regarder cette vidéo au travers d'un écran. La vision que j'ai reçue c'est: vous êtes plongé dans le réel, vous êtes dans le réel, vous êtes dans une présence, vous êtes dans les trois dimensions. Vous êtes devant la personne vivante mais comme si il s'agit d'une scène ancienne, vous n'avez aucune capacité d'intervenir de même que la personne qui est devant vous n'intervient pas parce que vous ne faites pas partie de cette tranche d'histoire. Donc j'étais en réalité placé devant Jésus le jour où il sortait du… j'ai pu le comprendre, du prétoire de Pilate. Et là je me trouvais devant un homme que je ne connaissais pas mais j'ai réalisé qu'il était Jésus. Et donc si je vous donne un petit descriptif, donc je vous dis il était vraiment quelqu'un de juif et ses cheveux étaient sans ondulations. Il avait ses cheveux jusque dans la nuque et je pouvais voir les moindres*

détails de son visage, le grain de la peau, ses yeux étaient plissés, hein, parce que là-bas à cette époque là il n'y avait pas de lunettes de soleil il devait constamment cligner des yeux et je voyais donc tout l'aspect du visage de Jésus et c'est là où enfin de compte au travers du prophétique qui a été écrit sur Jésus et les textes qui sont rapportés, cette révélation corrobore enfin de compte toute l'écriture. ». (Barbez Michel).

Barbez Michel est pasteur protestant évangélique et chef d'entreprise, né dans une famille très croyante. Il a le profil type de l'entrepreneur analysé par Max Weber qui met son éthique au service de son travail séculier comme marque du salut et de l'élection: « *Dieu m'a dirigé dans des affaires afin de vivre par la foi et pendant 30 années. J'ai vécu par la foi simplement en demandant à Dieu que les affaires soient bénies par lui. [...] Donc j'ai eu l'occasion d'amener des hommes d'affaires qui étaient ruinés à la connaissance de l'Évangile. J'ai pu avoir des contacts avec des gens et j'ai gagné énormément des gens à travers ce travail d'entreprise. Donc je me suis fait énormément d'amis à travers justement cette entreprise. Et apprendre aussi à connaître mieux Dieu parce cette conduite est une conduite de l'Esprit* ». Dès son enfance il a ressenti un appel de Dieu dans sa vie à le servir. Il n'y répondait pas parce qu'il jugeait les milieux croyants incohérents et compliqués au point qu'il y a des différends avec des religieux. Ce qui n'empêche qu'il continuait à se poser de nombreuses questions jusqu'au moment où il a une *faim de rencontrer Jésus.* A partir de ce moment-là il a commencé à lire la Bible comme il ne l'avait jamais fait auparavant. Il a été appelé au ministère et a commencé à servir le Seigneur. Il a travaillé dans l'évangélisation avant de devenir pasteur. Il précise que pour cela il n'a jamais été dans une école biblique, école spécialisée dans la formation des pasteurs et serviteurs dans les milieux protestants évangéliques. Même s'il désirait ardemment voir Jésus, d'une certaine manière, il ne s'attendait pas à avoir une vision comme celle qu'il a eue. Car il a déjà lui-même entendu des témoignages de vision ou révélation de Dieu ou Jésus; mais il croit que la sienne était exceptionnelle aussi bien par la scène qui lui est donnée de voir que par sa durée assez longue. Il la qualifie comme quelque chose de surnaturel. Barbez se souvient qu'il était entrain de prier lorsqu'il a eu sa vision sans avoir été préparé d'une quelconque manière. Cela n'était pas une mort imminente qu'il était entrain d'expérimenter; il ne dormait pas non plus. Il affirme qu'il était *très lucide.* La spécificité de la vision de Barbez est que Jésus est à un moment où il souffre à la croix. Contrairement aux quatre autres visions, celle de Barbez Michel est très riche en éléments descriptifs de Jésus. Il décrit Jésus comme *un juif, un sémite; ses cheveux étaient sans ondulation et descendaient derrière lui* jusqu'à la nuque. Il avait une couronne d'épines sur la tête. Barbez dit qu'il pouvait voir jusqu'au *grain de sa peau*. Son visage était couvert de crachats,

boursoufflé, ses joues gonflées, ayant des plaies, par les coups de poing qu'il avait reçu avant d'aller souffrir sur le bois de la croix. *Ses yeux brûlés par la sueur étaient plissés; et les paupières descendaient.* Il avait été *flagellé* et tout son front dégoulinait de sang. Il n'avait quasiment plus de *barbe* tant elle avait été arrachée. Barbez énumère les fonctions de Jésus: *le fondement, le souverain sacrificateur, le juge des vivants et des morts, celui par qui tout se passe.* Malgré la souffrance qui caractérise le personnage de Jésus sur la vision il montre également un visage complètement *apaisé*. Il ne baisse pas son regard: il est très déterminé quoique souffrant. Il n'a aucune *colère.* Dans ses yeux il y a un *feu.* Son regard est brillant. Barbez quant à lui se dit *choqué* à la vue du spectacle qu'on met devant ses yeux. Il était comme *pris et transporté* face ce spectacle. Il *pleurait* énormément et était *effondré en larmes* devant ce qu'il observait. Barbez n'a aucun d'échange verbal avec Jésus mis à part le regard qui est non verbal. Il explique cela par la fait qu'il avait été transporté dans une époque où il n'existait pas encore; dans un passé très lointain. Selon Barbez aucun échange notamment de parole n'était possible entre lui et Jésus. Jésus ne lui parle pas, lui non plus. Il pleure abondamment, et l'échange a lieu entre les deux regards sous le mode du silence total.
Ces six visions sont chacune à sa manière assez spécifiques. Si elles montrent individuellement la volonté de communiquer et partager l'expérience visionnaire de Jésus, elles méritent des explications.

3. Des éléments de compréhension et d'explication

Deux points permettent de comprendre et d'expliquer les visions et précisément le mécanisme sous-jacent: les dissemblances et ressemblance; et la définiront de la vision religieuse comme une image qui croise un système de croyance.

Dissemblances et ressemblances
Ces visions religieuses se déroulent dans des espaces différents et concernent les croyants dans les différentes religions avec majoritairement des catholiques et des protestants accordant une importance à la vie de l'esprit et l'émotion (Willaime, 1999). Elles touchent au *pluralisme* des religions comme une lame de fond à des moments différents et variables. L'expérience est souvent solitaire et peu être très longue jusqu'à cinq heures de suite. Aucun des douze e-témoignages ne témoigne d'une vision de groupe: ni collective ni communautaire. La vision religieuse est individuelle même lorsqu'elle a lieu au milieu d'une assemblée réunie comme c'est le cas de Khadidja *musulmane* qui voit Jésus en étant sur son tapis de prière. Bien

qu'individuelle, la vision prend ancrage dans le contexte d'une croyance partagée en groupe ou en communauté (Hervieu-Léger, cit.).
Les visions ne sont pas d'emblée comparables. En cela de nombreux éléments les distinguent significativement. Certains visionnaires disent avoir vu Jésus pendant qu'ils dormaient. Ce qui ressemble à un rêve. Il n'est pas impossible d'avoir une vision pendant le sommeil ou à un moment de somnolence plus ou moins bref. En religion on parle surtout de vision en étant éveillé. D'autres ont eu leur vision au moment d'une expérience de mort imminente. Ayant en partie perdu conscience et contrôle ces individus se voient évoluer dans une dimension parallèle.
Pourtant toute chose égale par ailleurs on peut au moins tenter de comprendre et expliquer à partir des éléments récurrents. Il s'agit d'abord et avant tout de l'objet central de la vision qui est aussi la clé de la compréhension et l'explication: Jésus-Christ. Douze visionnaires affirment avoir vu Jésus d'une manière concrète. Cette vision de Jésus intervient généralement à l'issue d'une volonté et d'un désir ardent de le voir. Elle peut aussi être une réponse à un questionnement sur Dieu, Jésus, la vérité, l'existence, la vie... Elle est plus rarement l'objet d'une apparition soudaine et inattendue.
Ces visions ont en commun une description qui forme une représentation de l'être divin observé: Jésus-Christ. Cependant ces descriptions mélangent souvent les éléments observés, avec ce que le visionnaire savait déjà sur Jésus par la Bible. La description semble souvent expliquer la vision avec des éléments bibliques de telle sorte qu'il n'est pas toujours facile de démêler *le récit* de la vision; du basculement narratif dans *l'explication ou correspondance biblique*. Certains récits s'efforcent de construire *un récit cohérent avec la Bible*. Le Jésus décri présente des aspects identiques et plus ou moins récurrents d'une vision à l'autre. Il s'agit des éléments comme: *la souffrance, l'amour,* parfois le *silence, le regard, etc.*
Un discernement de deux logiques de vision religieuse: *les visions franchement douteuses* se caractérisant par une *logique d'incitation au doute*. Elles affichent un *trouble et une incohérence interne;* et *les visions probables et précautionneuses*. Elles forcent à la crédibilité à travers des points saillants qui se détachent par *la logique du vraisemblable*.
On peut souligner une convergence de ces deux types de visions vers une notion plus composite de la vision. La vision se compose de l'image et de la croyance.

Vision religieuse: image et croyance

Une différence essentielle entre *vision* et *image* est que l'image étant enregistrée par l'œil implique que la vision est *éveillée. La croyance s'appuie généralement sur des images et/ou des objets.* Si on voit une image en dormant, il s'agit surtout d'une image fabriquée par la mémoire à partir d'autres expériences sociales et de la vie éveillée qui a précédé. Mais la vision pendant le sommeil n'est pas pour autant dénuée d'intérêt: il peut exister des exceptions qui font réfléchir. Tel est le cas de la visionneuse Carolina Rivera Munoz qui témoigne d'une vision de Jésus dans son sommeil qui lui donne une Bible : « *Et du coup à un moment donné il prend une Bible à sa gauche et au moment où il allait me la poser, j'ai vu il y avait devant écrit la sainte Bible. La sainte Bible en doré. Il me l'a posée sur la poitrine, là ce niveau-là et là il m'a dit: va et ne pêche plus. Et je me suis réveillée. J'étais tellement frustrée, tellement frustrée de devoir me réveiller et de voir que je n'étais plus dans ses bras parce que j'étais tellement bien ses côtés.* ». Ce type de vision par le sommeil correspond à celle de la première logique mentionnée avant. Elle n'est pas inintéressante, mais le sommeil rapproche d'avantage du rêve que de la vision éveillée qui fait intervenir l'*œil*.

C'est pourquoi on approfondi l'analyse à *la vision éveillée* par laquelle l'individu concret conscient est en possession de toutes ses facultés. Il est conscient. La *transe* ne fait pas oublier qu'il existe et vit une expérience. Ses sens ne sont ni au repos ni endormis. Le discernement très lucide. L'image expérimentée par l'organe de la vue précède toujours le sens. La vision ne précède jamais l'objet imagé, c'est plutôt l'inverse. L'image est *perçue* et *interprétée* négativement comme hallucination, positivement comme vision. La vision pourrait être une *hallucination positive* comme dans le cas de Maya, une visionnaire qui avait pris des drogues pour voir Jésus. Le mécanisme est lent, long, immédiat ou au contraire rapide et spontané selon les individus. Mais il opère. En considérant l'importance de l'image qu'expérimente l'individu croyant:

> « *On est dans un contexte de fondation culturelle de la vision, dans un moment postmoderne qui « in forme », qui « met en forme » le regard, un moment où se créent des sollicitations touchant l'ensemble des structures, perspectives, cognitives et symboliques de la société. Une création de la vision du monde, une modalité perceptive-symbolique qu'on peut résumer par l'expression de la « générations visuelles »* ». (La Rocca, 2007).

Dans ce sens on fixe deux principaux éléments qui opèrent dans la mécanique de la vision: d'une part *l'image* qui procède de la vue. L'objet est regardé dans un contexte et une situation. D'autre part *le sens* ou la portée générale et particulière de l'image. Le sens est nécessairement l'objet d'une (re)construction en rapport avec les paramètres socio-culturels qui sont consonants et/ou dissonants avec le texte. La vision religieuse est image et sens de la croyance.

La vision est une image attestée par la croyance ou la foi. La foi dans la science ou la foi dans la religion. Plus rarement la foi dans les deux. La vision s'inscrit toujours dans le cadre d'une projection qui rencontre un sens avec des éléments du passé du présent. L'avenir intervient de manière à introduire *l'élément prophétique*. A partir des figurations la vision peut être dynamique. Durkheim disait qu'il y a chez le croyant un élément dynamogénique, *quelque chose capable de transporter des montagnes: la foi dans laquelle s'ancre la croyance et opère*. La croyance est inscrite dans les dispositions. C'est pourquoi pour avoir une vision il faut avoir les dispositions et une socialisation chrétiennes. La croyance transcende toutes les religions. Avec l'élément à venir l'image est quasi filmique; et la vision est animée, vivante. L'élément prophétique à accomplir est mobilisé par l'Esprit divin chez le croyant. La vision opère ainsi dans son déroulement et dans ses effets à travers une *réalité augmentée* où l'humain pose son regard, rencontre et expérimente un être divin, une idole ou sosie. D'où l'expérience visionnaire qui s'écarte du texte sur le fondement d'idole participe à la subversion comme dit Ellul. Les visions décalées fabriquent d'autres réalités *imaginaires non positives* : « *On a fabriqué une religion, le christianisme, qui n'a plus rien à faire avec Jésus-Christ.* » (Ellul, 2001, p.242). A base de ce christianisme les visions théologiques et sociologiques visent plus souvent des buts socio-politiques.
Cela dit *le problème majeur* que posent les visions au-delà des logiques se révèle à l'épreuve de la *falsification* (Lassave, 2011). Le texte qui sert de référence éclaire la question parfois évitée de *l'authenticité*.

4. Que dit le texte ?

Chercher à savoir ce que dit le texte après des éléments d'explication est une manière de répondre à *L'appel du texte* en tournant le regard vers ce que peut penser l'objet lui-même de la vision (Lassave, cit.). Sous le prisme de la vision la Parole propose cinq lignes de pensée : une Parole vivante, des mises en garde des visions fallacieuses; Paul comme visionnaire du Christ; Jean et la Révélation de Jésus-Christ; Jésus-Christ: crucifié, ressuscité, glorifié.

Une Parole vivante
On recours au savoir biblique pour donner la parole à Jésus-Christ. Car il ne fait plus de doute que sa parole lumineuse et forte qui a interpellé autant des philosophes, des historiens que des scientifiques n'a perdu aucun pli de sa vigueur (Minnerath, 2022). Sa parole est inouï, à bien des égards provocatrice et en

rupture avec l'esprit mondain. Elle répond aux questions et aux représentations que s'en fait l'homme ultramoderne dans son esprit mondain (Willaime, cit.). En d'autres termes: « *La mondanité, c'est la pensée unique qui enferme les hommes dans les perspectives horizontales de la vie avec la prétention de détenir les clés du sens de l'existence dans les sciences, les institutions, les idéologies confortables que nous nous fabriquons pour ne pas avoir à nous ouvrir à une Parole qui vient d'ailleurs* » (Minnerath, p.54).
Le texte de référence est la Parole de Dieu qui est le Christ. Elle est hétérogène au monde. Cependant elle peut être raisonnante dans l'homme qui la reçoit comme hôte. L'une des phrases qui est annoncée concernant son retour sur la terre est: « *Voici, il vient avec les nuées. Et tout œil le verra, même ceux qui l'ont percé ; et toutes les tribus de la terre se lamenteront à cause de lui. Oui. Amen !* ».

Mises en garde des visions fallacieuses
A propos de son *retour* sur la terre Jésus lui-même disait: « *Si quelqu'un vous dit alors: Le Christ est ici, ou : Il est là, ne le croyez pas. Car il s'élèvera de faux Christs et de faux prophètes ; ils feront de grands prodiges et des miracles, au point de séduire, s'il était possible, même les élus. Voici, je vous l'ai annoncé d'avance. Si donc on vous dit : Voici, il est dans le désert, n'y allez pas ; voici, il est dans les chambres, ne le croyez pas. Car, comme l'éclair part de l'orient et se montre jusqu'en occident, ainsi sera l'avènement du Fils de l'homme.* » (Matthieu 24, 5; 11; 23-27). Des *faux Christs* sont ce qu'on peut identifier comme imitation, sosie. Des mises en garde semblables sont lisibles dans d'autres textes (Luc 17, 23-24; Marc 13, 21-23).
Certes Job a pu dire: mon oreille avait entendu parler de toi mais maintenant mon œil t'a vu. Cependant à vouloir à tout prix avoir une expérience de vue pour croire Jésus-Christ dit: « *Heureux ceux qui n'ont pas vu, et qui ont cru !* » (Jean 20,30). Et il est Dieu. En tant que Fils de Dieu les textes du nouveau testament s'accordent pour dire qu'il est au ciel à droite de Dieu où il intercède.

Paul: un visionnaire du Christ
En chemin pour Damas, Paul *voit* le Seigneur sous la forme d'une Lumière qui lui parle. Paul, frappé tombe du cheval à terre. Les personnes qui l'accompagnent entendent la voix mais ils ne voient personne. De même étant dans la ville il a la vision d'un disciple du nom d'Ananias qui vient prier pour lui; et ce disciple lui-même a aussi la même vision:

« Or, il y avait à Damas un disciple nommé Ananias. Le Seigneur lui dit dans une vision : Ananias ! Il répondit : Me voici, Seigneur ! Et le Seigneur lui dit : Lève-toi, va dans la rue qu'on appelle la droite, et cherche, dans la maison de Judas, un nommé Saul de Tarse. Car il prie, et il a vu en vision un homme du nom d'Ananias, qui entrait, et qui lui imposait les mains, afin qu'il recouvrât la vue. [...] Il imposa les mains à Saul, en disant: Saul, mon frère, le Seigneur Jésus, qui t'est apparu sur le chemin par lequel tu venais, m'a envoyé pour que tu recouvres la vue et que tu sois rempli du Saint-Esprit. Au même instant, il tomba de ses yeux comme des écailles, et il recouvra la vue. Il se leva, et fut baptisé ; et, après qu'il eut pris de la nourriture, les forces lui revinrent. Saul resta quelques jours avec les disciples qui étaient à Damas. Et aussitôt il prêcha dans les synagogues que Jésus est le Fils de Dieu. » (Actes, 1, 9-20).

Paul a également une autre vision au temple dans laquelle il voit Jésus venir lui parler. Il exprime aussi le fait qu'il a régulièrement eu des visions et révélations dont il ne s'en glorifie point: « *J'en viendrai néanmoins à des visions et à des révélations du Seigneur. Je connais un homme en Christ, qui fut, il y a quatorze ans, ravi jusqu'au troisième ciel (si ce fut dans son corps ou sans son corps je ne sais, Dieu le sait). Et je sais que cet homme (si ce fut dans son corps ou sans son corps je ne sais, Dieu le sait) fut enlevé dans le paradis, et qu'il entendit des paroles ineffables qu'il n'est pas permis à un homme d'exprimer…* » (2Corinthiens 12, 1-5).
La particularité de l'apôtre Paul qu'il convient de souligner est que ses visions ont une mission. Le plus important est qu'elles portent un message prophétique qui s'accompli. Il a la vision d'Ananias priant pour lui, et Ananias est effectivement venu prier pour lui. La vision du ciel où il entend des paroles ineffables permet de comprendre d'où en partie son enseignement est rempli de sagesse de la Parole de Dieu jamais révélée auparavant. Cet enseignement comprend peut-être en bonne partie ces paroles ineffables qu'il avait entendues au troisième ciel. Un autre jour au moment où il prie au temple il voit Jésus qui lui demande d'en sortir car ils ne recevront pas son témoignage et l'envoie plutôt vers les païens. Il sort de ce temple de *Jérusalem* où devait résider le nom de Dieu, et va annoncer l'évangile au loin chez les païens.
On comprend donc que *la vision religieuse a un sens, une mission précise et un aspect prophétique qui s'accomplit*. La vision religieuse n'est pas une image qui est accordée simplement pour le plaisir des yeux. Elle sert les desseins de Dieu et de Jésus-Christ qui en est le centre.

Jean et la Révélation de Jésus-Christ

Que voit l'apôtre Jean concernant Jésus-Christ dans le livre de l'Apocalypse ou livre de la Révélation ?

> *« Je me retournai pour connaître quelle était la voix qui me parlait. Et, après m'être retourné, je vis sept chandeliers d'or, et, au milieu des sept chandeliers, quelqu'un qui ressemblait à un fils d'homme, vêtu d'une longue robe, et ayant une ceinture d'or sur la poitrine. Sa tête et ses cheveux étaient blancs comme de la laine blanche, comme de la neige ; ses yeux étaient comme une flamme de feu ; ses pieds étaient semblables à de l'airain ardent, comme s'il eût été embrasé dans une fournaise ; et sa voix était comme le bruit de grandes eaux. Il avait dans sa main droite sept étoiles. De sa bouche sortait une épée aiguë, à deux tranchants ; et son visage était comme le soleil lorsqu'il brille dans sa force. »* (Apocalypse 1, 12-16).

Cette représentation est celle que Jésus-Christ révèle intentionnellement. C'est-à-dire qu'il souhaite que cette image particulière soit *enregistrée et connue*; puisqu'il ordonne explicitement à son disciple d'écrire *ce qu'il voit*. Il ne dit pas de suite: « ce que tu entends », ni « ce qui t'ai inspiré », ni encore « ce que tu imagines ». Mais il dit: « *Ce que tu vois, écris-le dans un livre…* » (Apocalypse 1,11). Jésus-Christ dit: « Ce que tu vois ». Il n'apparait pas seulement au disciple, mais *il atteste* la vision de l'apôtre en disant: « ce que tu vois ». C'est-à-dire qu'il lui signifie qu'il lui montre lui-même. Et il lui demande d'écrire et envoyer ce qui est noté, aux sept églises. L'apôtre Jean voit Jésus-Christ lui-même qui lui dit de retenir par écrit ce qu'il voit. Cette vision de Jean peut se comparer aux visions contemporaines. D'abord ce n'est pas une vision sans *mission explicite d'aller la diffuser*. La vision vise un but premier : *faire connaître l'image du Seigneur Jésus-Christ; celle qu'il authentifie dans le regard de Jean* qui le voit *ressuscité et glorifié*.

Jésus-Christ: crucifié, ressuscité, glorifié

Sans chercher une interprétation, remarquons que l'image que Jésus demande à Jean de noter n'est pas toujours identique aux représentations qu'on peut se faire d'une personne: *une épée à deux tranchants sortant de sa bouche*. Jésus-Christ est désormais une personne avec *un corps glorifié de ressuscité transformé. Il est rendu vivant selon l'Esprit*. Des parties de sa personne sont particulières et c'est l'image qu'il a lui-même communiquée à son disciple pour se faire connaître aux sept églises après avoir souffert la croix, être mort et ressuscité le troisième jour.
Certes la mort est un ennemi terrestre que Jésus détruira définitivement plus tard (1Corinthiens 15,26); il l'a déjà vaincue à la croix (Apocalypse 1,18). Pourquoi la souffrance passée qui a expié le péché est si visionnée; et très peu la gloire, la victoire et le triomphe ? Jésus n'a-t-il désormais de relation avec le croyant qu'à travers une espérance qui ne fait place qu'à la souffrance et pas d'espérance de gloire et de triomphe ? L'une des réponses à cette question est le rapport de la vision à la représentation dominante de Jésus-Christ aujourd'hui. Le Jésus qui rempli les enseignements et l'imaginaire dans le christianisme n'est pas toujours

celui qui est glorifié au ciel: celui de Jean dans l'Apocalypse. C'est plutôt celui des évangiles jusqu'à la croix. Ensuite tout se passe inconsciemment comme si Jésus-Christ était resté figé à la croix. Or la dernière image que Jésus laisse de lui-même et demande à Jean de noter est celle de l'Apocalypse.

Jésus-Christ ne se montre pas dans la Révélation pour que cette *nouvelle image* reste inconnue: « *Mais celui qui a été abaissé pour un peu de temps au-dessous des anges, Jésus, nous le voyons couronné de gloire et d'honneur à cause de la mort qu'il a soufferte, afin que, par la grâce de Dieu, il souffrît la mort pour tous.* » (Hébreux 2,5). Jésus *a été abaissé* dans la souffrance pour *un peu de temps* et non pour l'éternité. La croix a été dressée pour *un peu de temps* et Jésus n'est pas resté cloué à la croix. Le livre de Hébreux est clair: *nous le voyons couronné de gloire et d'honneur*. Mais où ? Dans le livre de l'Apocalypse. C'est-à-dire qu'on ouvre ses yeux, on ouvre la Bible, livre de l'Apocalypse, on lit et on voit Jésus ! C'est de cette lecture que vient la foi saine et la croyance au Véritable: « *Ainsi la foi vient de ce qu'on entend, et ce qu'on entend vient de la parole de Christ.*» (Romains 10,17).

Les cinq visions qui précèdent tantôt ne décrivent pas vraiment le Seigneur Jésus tantôt la description se focalise sur Jésus rempli d'amour mais *encore* crucifié. La souffrance de Jésus est souvent au centre de ces visions même dans le cas de Nancy. La question qui se pose est de savoir pourquoi si peu de vision au nombre des douze ne font jamais référence à Jésus-Christ de Jean dans la Révélation ? Barbez dit que Dieu le ramène en arrière dans l'histoire. Et les voies de Dieu ne sont pas celles des hommes. *Où est dans la plupart des visions le Jésus-Christ ressuscité et glorifié qui a vaincu la mort et dont Paul et Jean sont visionnaires; et qui est le même hier aujourd'hui et pour l'éternité* ? En terme d'image figée dans le passé, voir un crucifié ne prouve pas sa victoire; mais voir un ressuscité et glorifié prouve qu'il a vaincu et est élevé au ciel. En terme d'image dynamique, voir le crucifié depuis sa mort, sa résurrection; jusqu'à sa glorification: c'est le message de l'évangile. Au fond la question est pourquoi ces visions s'il y a déjà le texte de l'Apocalypse qui montre tel qu'il est aujourd'hui *rendu Vivant selon l'Esprit* ?

Tout homme qui lit peut observer l'image que le Christ a voulu communiquer de lui-même; sans forcément "*le voir physiquement de ses yeux*" comme les douze visions. Il suffit de prendre la Bible et lire pour voir *l'image communiquée par Révélation*. Cependant comprendre le sens spirituel profond de cette image nécessiterait des explications plus longues. En attendant il n'y a pas à désespérer car il est dit: « *Voici, il vient avec les nuées. Et tout œil le verra, même ceux qui l'ont percé ; et toutes les tribus de la terre se lamenteront à cause de lui. Oui. Amen !»* (Apocalypse 1,7).

Les quatorze visions sont nourries par la culture, la foi et la croyance telles qu'elles sont communiquées et pratiquées. Il n'y a pas de vision religieuse sans image et croyance comme noté plus haut. Les éléments qui font une vision sont l'image et le système de croyance qui lui donnent un sens. Comme telle la vision est l'objet d'un enjeu majeur.

5. L'enjeu de la vision

Deux points permettent de comprendre l'enjeu de la vision: le monde comme totalité ordonnée, et la vision du monde en rapport à la question du salut.

Le monde comme totalité ordonnée

Quel rapport entre les visions religieuse, théologique et sociologique ? Au regard de la perspective méthodologique préconisée par Durkheim: ce qui se passe *dans la tête* et *dans l'esprit* des individus concrets croyants — tout comme dans celle du chercheur sociologue — en terme de vision a d'abord *un fondement social. Une vision religieuse ou théologique, comme une vision scientifique, est une manière de percevoir un objet qui a un sens par rapport à un système de croyance*. Et la vision ainsi conçue dans l'esprit suscite ou non adhésion et crédibilité pour se diffuser dans le groupe, la communauté ou la société; puis nourrir une vision du monde plus large. Plus généralement en religion et Sciences sociales on parle de « *vision du monde* » qui s'impose ou non à la société:

> « *Toutes les religions, au même titre que les systèmes philosophiques et les idéologies politiques, comportent toujours une certaine cosmologie, c'est-à-dire une manière de concevoir le monde en tant que totalité ordonnée où l'homme occupe une place déterminée.* » (Stoczkowski, 2019, p.28).

La vision du monde désigne des représentations totalisantes relatives au monde, aux êtres, aux rapports entre les êtres, les lois et principes qui gouvernent cet ensemble et la place et le rôle de l'homme dans celui-ci.

Parler de *vision* et non plus globalement de *vision du monde* revient à restreindre et à concevoir la notion comme désignant des représentations d'un objet singulier. Cet objet est figuré dans une image distincte de la totalité. *La vision du monde englobe la vision d'un objet singulier mais elle n'est pas la vision de l'objet dans sa spécificité même si elle peut contribuer à lui donner sens*. C'est pourquoi la notion *d'image de* la sociologie visuelle est importante (La Rocca, cit.). L'image désigne la

représentation visuelle de l'objet singulier. Elle est pensée comme « *un texte* » ou comme un tissus formant des ensembles de significations.
La vision indique le fait de poser un regard religieux, théologique, philosophique ou sociologique. C'est-à-dire *une manière spécifique* de concevoir, de réfléchir avec des références livresques, socio-culturelles et anthropologiques.

> « *Quand on se réfère à l'image, on pense à l'acte de regarder; ainsi un objet entre dans un champ visuel à travers l'œil et le cerveau organise l'information. La perception visuelle se révèle comme une activité qui se développe en deux moments: d'abord l'objet visuel se forme comme input sensoriel et ensuite l'esprit développe les opérations de catégorisation, signification et interprétation.* » (La Rocca, cit.).

La perception visuelle est un engagement actif de *l'esprit socialisé qui met en acte le processus d'abstraction en transformant ce qui est vu en notion ou en catégorie sur laquelle la pensée opère une construction sémantique dans la perspective de la vision. Ainsi l'image a cette particularité de générer de l'émotion dès lors qu'elle rencontre un système de signification socio-culturel*. La vision ainsi construite va pouvoir être au fondement de mobilisations concrètes et très actives (changement, conversion, etc) répondant à l'interprétation et l'interpellation. On répond à la vision dans des actes plus ou moins conséquents. Dans cette perspective la vision peut devenir une forme de totem…

Vision du monde et démarche du salut
L'interprétation des visions aurait pu prendre deux sens distincts: un théologique et un sociologique. Pour les mêmes visions, deux théologies se seraient opposées en terme de *communication*. On aurait eu une théologie *positive* et une théologie *négative* (Latour, 2014). Ce ne sont pas ces *formes avancées et élémentaires de théologie ou de sociologie* qui sont privilégiés. Les explications sont textuellement pertinentes pour ne pas se risquer à une interprétation exclusive dans un sens ou un autre. En revanche on analyse les visions *concurrentes* de la théologie et la sociologie qui alimentent les visions des individus croyants et praticiens.
La vision dans l'espace privé peut parfois être comparable à une vision ésotérique quasiment comme le sociologue pourrait voir des réalités que d'autres sociologues voient ou en sont aveugles. Ou alors ne peut voir ou comprendre que celui qui est initié ou a eu une socialisation conforme et des dispositions conséquentes.
Par exemple: l'initiation à la sociologie, exemple non anodin car *la sociologie est athée* (Laurin, 1998); elle se construit sans Dieu parce qu'elle n'a nul besoin de lui comme hypothèse fondatrice ou comme garant de la connaissance. De telle sorte que les étudiants, comme les nouveaux pèlerins ou convertis seraient auparavant

des quasi incultes qu'on *initie* à une manière de *voir, d'observer, de regarder, et d'imaginer* à laquelle dépend un choix *drastique* manuels et thématiques (Lassave, 2008). Les néophytes apprendront une manière de parler et de dire la société. Ils se forgeront un *esprit sociologique;* comme les convertis *un esprit chrétien*. Une fois initiés et autonomes généralement après le master ou baptême, ils auront des *visions du monde* que le sens commun n'a pas. Seul un cercle d'initiés a le privilège et la capacité de voir; à condition en sociologie d'être de la profession et d'avoir la vocation ou le métier. L'initiation accomplie permet une vue sur le monde et son salut.

Dans la *subversion visionnaire* du Christianisme, l'intérêt est *la comparaison ou le parallélisme* des visions théologique et sociologique par rapport à ce qu'il convient de rappeler comme « *mirage du salut* » (Stoczkowski, cit.).

Les religions traditionnelles promettent un salut céleste et terrestre; la sociologie promet aussi un salut séculier accompli par les seules ressources de la raison ou encore la religion civile. C'est que *la vision du monde est avant tout objet d'un enjeu sociétal majeur*. En ce sens la religion et la sociologie se montrent encore concurrentes sur la vision du *salut de la société* :

> « *C'est que la science sociale naissante emprunta au christianisme, par l'intermédiaire de la philosophie, ses deux idées directrices: la conviction que le monde humain est affecté par un mal qui altère l'ordre légitime des choses; l'espoir que ce mal pourra être un jour abrogé.* ». (Stoczkowski, cit.).

Si les différents éléments d'explication apportés permettent de mieux appréhender le mécanisme de la vision, ce que dit le texte rappelle les contours essentiels de l'objet. Et quoique l'individualité de la vision; elle comporte généralement une part très significative du social. D'où la sociologie et la théologie ne légitiment pas seulement des visions toujours systématiquement concurrentes et portées par des individus. Minnerath suggère qu'il convient maintenant de désamorcer la fausse opposition entre foi et science. Leurs tensions n'ont en réalité perduré qu'à cause de *malentendus* voulant privilégier une vision du monde. Elles peuvent dans des assemblages un peu hybrides diffuser parfois conjointement des *croyances de toutes sortes* sur la religion et Jésus (Bronner, 2010). Les entremêlements souvent implicites non dits de la croyance religieuse, la théologie et sociologie sont *subtils*. D'où des enjeux également méthodologiques nécessitant de toujours adapter une posture analytique face aux individus qui sont persuadés d'avoir vu l'invisible qui est rendu vivant selon l'esprit, même sans que l'image soit en miroir. L'essentiel est qu'elle soit consonante à l'imaginaire religieux de la société. Un imaginaire, pour le rappeler, qui s'entretien le mécanisme de la vision. Et face à la plupart d'entre elles on peut penser que « *Nos contemporains croulent sous des images d'un Dieu qu'ils se sont inventé ou qui leur a été suggéré par l'imagerie populaire, un Dieu à qui l'on reproche les malheurs qui arrivent aux hommes et qu'on oublie quand tout va bien.* » (Minnerath, p.29).

Conclusion

La plupart des visions religieuses de Jésus dans le christianisme sont en décalage avec l'image que celui-ci a explicitement indiqué de consigner par écrit dans la *Révélation*. On peut sans trop de risque de se tromper penser que l'image que la plupart des croyants visionnent est davantage celle d'un sosie; et rien ne proscrit la croyance en un sosie. Il en est du sosie comme de l'authentique: l'un et l'autre peuvent être un appuie matériel ou symbolique à la croyance pourvue que celle-ci retire tout les bienfaits terrestres escomptés. Mais la dissociation des deux est nette s'agissant du salut de l'âme dans l'au-delà. Car on peut encore se permettre de douter d'une identité du pouvoir de salut par le sosie comme par l'authentique. Le sosie ne peut être égal à l'authentique: malgré la perfection de l'illusion, il y a toujours et systématiquement inégalité.

Au-delà du fossé épistémologique entre théologie et sociologie, il en est de la vision religieuse presque comme de la vision sociologique. La vision de Durkheim d'une éducation morale laïque vidée de sa vitalité religieuse et visant une société plus viable s'avère après un siècle une réalité inachevée, si ce n'est encore aussi problématique: des maux liés à l'éthique, la morale, etc, subsistent. D'autres plus écologiques liés à l'activité humaine s'en sont rajoutés; sans compter la guerre qui fait sont grand retour en Europe. Autant de faits qui rendent toujours plus incertain l'accomplissement de ce salut. La vision d'une morale laïque salutaire à partir des sciences sociales au mieux avec un christianisme de *subversion* se réalisera peut-être à l'horizon (Stoczkowski, cit.). Il n'en reste pas moins que l'intérêt de la vision réside au final dans sa capacité à engendrer et à nourrir la visibilité en religion et en science des espérances.

LISTE DES VISIONNAIRES

(Vidéos consultées en mars-avril 2023)

1 : Martine Quinet
Témoignage émouvant; Elle voit Jésus couronné d'épines à la messe;
Émission NDML. 274 k abonnés. 8,6 k pouces j'aime. 137 066 vues, publiée le 5 déc. 2022

2 : Nancy
J'ai vu Jésus : Témoignage Chrétien; *Merveilleux JÉSUS*
1,18 k abonnés 532 pouces j'aime, Partager 19 k vues il y a 3 ans 206 commentaires

3 : Podevin Jean-Marc
Témoignage bouleversant, Il voit Jésus face à face Carême 2022
*Émission « Carêment Bien »*NDML. 274k abonnés. 15k pouces.393 222 vues, pub. le 7 mars 2022

4 : Mère Brigitte Amma May
Témoignage incroyable, Elle voit Jésus de ses yeux qui lui parle
*Émission « Carêment Bien »*NDML, 275k abonnés; 9,3k pouces,223 692vues, pub. le 18 Avr. 2022

5 : Immaculée
j'ai vu Jesus avec mes yeux. Mon témoignage. Jesus est vrai.
Immaculée Light Access. 4,74 k abonné. 11k pouces. 196 vues.

6 : Barbez Michel
Témoignage de michel barbez: Il a vu Jésus martyrisé
VIETV Channel. 9,91 k abonnés. 502 pouces. 38 183 vues, publiée le 24 juillet 2012

7 : Bernadette Soubirous, dont la vision donne naissance au sanctuaire catholique de Lourdes
La rédaction de Croire, le 06/12/2007 à 11:35 Modifié le 11/02/2021 à 10:59 (Document sur Internet)
Extraits de: *Les écrits de sainte Bernadette et sa vie spirituelle*, R. Ravier, Ed. Lethielleux.

À la Grotte de Massabielle, en 1858, la Vierge Marie est apparue 18 fois à Bernadette Soubirous. Au bout de quelques semaines, les pèlerins se comptaient déjà par milliers. Bernadette raconte sa rencontre avec la belle dame de Lourdes... (*Exception qui ne voit pas Jésus mais une Dame*).
Lourdes : Qu'a vu Bernadette? (Bernadette:) Je vis une dame habillée de blanc. "J'allai au bord du Gave ramasser du bois avec deux autres petites. J'entendis une rumeur. Je me tournai du côté de la prairie ; je vis que les arbres ne se remuaient pas du tout. Je levai la tête en regardant la Grotte. Je vis une dame habillée de blanc : elle avait une robe blanche et une ceinture bleue et une rose jaune sur chaque pied, couleur de la chaîne de son chapelet. Quand j'eus vu cela, je frottai mes yeux : je croyais me tromper. Je mis la main dans ma poche ; j'y trouvai mon chapelet. Je voulais faire le signe de la croix ; je ne pus pas porter la main au front : elle m'est tombée. La vision fit le signe de la croix. Alors, ma main tremblait ; j'essayai de le faire et je pus. J'ai passé mon chapelet ; la vision faisait courir les grains du sien, mais elle ne remuait pas les lèvres. Quand j'eus fini mon chapelet, la vision disparut tout d'un coup. J'ai demandé aux autres deux petites si elles n'avaient rien vu, elles me dirent que non. Elles me demandèrent ce que c'était, que je devais leur dire. Alors, je leur dis que j'avais vu une dame habillée de blanc, mais que je ne savais qui c'était, mais qu'elles ne devaient pas le dire. Ensuite elles me dirent que je ne devais plus y revenir ; je leur dis que non. J'y revins le dimanche pour la seconde fois parce que je me sentais pressée intérieurement. La dame ne me parla que la troisième fois. Elle me dit si je voulais y aller pendant quinze jours ; je répondis que oui. Elle me dit que je devais dire aux prêtres d'y faire construire une chapelle ; ensuite, elle me dit d'aller boire à la fontaine. N'en voyant pas, j'allai boire au Gave. Elle me dit que ce n'était pas là : elle me fit signe avec le doigt, en me montrant la fontaine. J'y fus ; je ne vis qu'un peu d'eau sale ; j'y portai la main. Je ne pus pas en prendre ; je me mis à gratter ; après, je pus en prendre. Pendant trois fois je l'ai jetée, à la quatrième fois, je pus en boire. Ensuite la vision disparut et je me retirai.
"Je suis l'Immaculée conception ». J'y revins pendant quinze jours ; la vision parut tous les jours à l'exception d'un lundi et d'un vendredi. Elle me répéta plusieurs fois que je devais dire aux prêtres qu'il devait s'y faire une chapelle et d'aller à la fontaine pour me laver et que je devais prier pour la conversion des pécheurs. Plusieurs fois je lui demandai qui elle était. Elle ne faisait que sourire. Tenant ses deux bras pendants, elle leva les yeux en regardant le ciel, puis elle me dit qu'elle était l'Immaculée Conception."

La reconnaissance des apparitions: Le 18 janvier 1862, Monseigneur Laurence, évêque de Tarbes, déclarait : "Nous jugeons que l'Immaculée Marie Mère de Dieu a réellement apparu à Bernadette Soubirous... que cette apparition revêt tous les caractères de la vérité et que les fidèles sont fondés à la croire certaine. » Le pèlerinage de Lourdes ne faisait que commencer.

8 : Simon Kimbangu fondateur de l'Eglise du Kimbaguisme
Des extraits notamment de Paul Raymaekers, Histoire de Simon Kimbangu, prophète, d'après les écrivains Nfinangani et Nzungu (1921), in *Archives de sociologie des religions,* 1971, n°31, pp.15-42.

(Avertissement) Les documents officiels où nous avons extrait « l'histoire de Simon Kimbangu, prophète » précisent textuellement ce qui suit: « Histoire de l'apparition du prophète Simon Kimbangu »
— Ce document en partie dactylographié retrouvé Kamba le 17 juin 1921, a été rédigé par les deux écrivains Nfinangani et Nzungu, secrétaires au service du prophète.
Dicté par Kimbangu, il relate les faits qui se sont passés Kamba avant et pendant le mois de mai 1921.
— Quand il tombait entre les mains des Autorités, ce récit était plus complet: quelques pages manquaient et certains passages étaient devenus illisibles par suite des intempéries
— Ecrit en kikongo, nous en donnons une traduction très libre. Des sous-titres ont été intercalés pour en faciliter la lecture ».
(Avant sa naissance pendant qu'il était dans le ventre de sa mère, le pasteur Révérend aurait prophétisé sur l'enfant. Sa mère décède pendant que l'enfant est encore commence à peine à marcher).
(1). Jeunesse de Simon — Influence de sa tante:
Ici suit une histoire racontant que son enfant étant allé dans un village voisin devient malade. Elle va le chercher la nuit rencontre des gens à côté d'un feu, demande du feu et s'en va Quand elle est partie, on la rappelle; elle revient avec le feu mais eux ne l'avaient pas appelée. Elle trouve son enfant malade dans une sale maison: il la dysenterie. Elle le prend sur son dos et part. L'enfant demande de pouvoir s'éloigner [pour chercher de l'eau à boire], il se perd et tombe dans un trou. [Sa mère va à sa recherche et serait tombée dans le même trou]. A la fin on le retrouve et elle se dit aidée de Dieu. [Elle remet enfant sur son dos]. (Abrégé du traducteur).
(3). Simon Kimbangu veut devenir catéchiste protestant:
Faites-moi catéchiste (C'était) au temps où il avait eu des difficultés cause du passage du prêtre catholique; les vieux ayant été convoqués au Vula (Ngombe Lutete) pour voir ce qu'il y avait faire suite à l'arrivée du père. [Un père catholique est passé là. On n'a pas voulu qu'il loge. Le père a menacé de les accuser à l'Etat de ne pas laisser loger les Blancs]. Revenus de là, ils me dirent que je devais être catéchiste, mais chez moi on me dit que je avais pas d'esprit. Je me cachai dans ma maison, je me jetai face contre terre et priai. Alors j'eus un songe et Dieu me dit: « J'ai entendu votre prière; les gens pensent il faut de l'esprit pour faire mon œuvre, mais je vous donnerai ce qui surpasse ». Je laissai passer cela. Mais de jour en jour entendis la voix qui me disait que je devais faire le travail de Pierre et de Jean, être apôtre: « Les hommes ne veulent pas vous donner le droit d'enseigner ? Moi je vous fais apôtre ». Mais j'eus peur et je dis: « J'ai peur, c'est un office qu'on ne connaît pas encore ». Il me dit: « Vous avez un enfant; si vous, père, voulez donner un surplus un enfant bien aimé, aimeriez-vous que votre enfant refuse votre bienfait ? ». Moi: « Oui mais je ne connais pas ce travail ». Lui: « Ne crains rien, je serai votre maître ». Moi de répondre: « Enfin parce que Vous le voulez et que Vous m'aiderez, je veux bien ». Simon fait de nombreux miracles de guérison et de résurrection des morts.
(Extrait de la Biographie) :
La nuit au cours d'une vision, le petit Simon vit cet étranger lui apporter une Bible et lui dit: « voici un bon livre ! Tu dois l'étudier et le prêcher ». « Non, répondit le petit Simon, ne suis ni prêcheur ni professeur; je ne puis faire cela ». — « Alors porte ce livre à ta mère, reprit l'étranger, et dis-lui qu elle doit prêcher ! ». — « Pourquoi, répartit le petit Simon, ne lui parles-tu pas toi-même ? ». — En ce moment l'étranger lui parla d'un enfant malade dans un village voisin; il lui dit d'y aller et d'y prier pour sa guérison. — Mais le prophète refusa alléguant que les gens ne le croiraient pas et pourraient le persécuter et le tuer. Plus tard étranger apparaît en rêve la mère de petit Simon et lui dit que son fils doit prêcher et guérir mai qu'il s'y refuse. Enfin, il revint petit Simon et lui réitéra la demande aller prier et imposer les mains sur l'enfant malade pour le guérir. — « Si tu n'y vas pas, je réclamerai ton âme ». — Le lendemain, le petit Simon trouva l'enfant entouré par des gens qui pleuraient. Ils les écarta, pria un long moment pour l'enfant, et puis, après l'imposition des mains, il le rendit guéri à ses parents. — Dès lors son œuvre pastorale et miraculeuse est répandue dans toute la région et de toute part on lui emmenait les malades et il les guérissait.
Frustrés en quelque sorte par les merveilles du prophète, les missionnaires étrangers accusèrent autorité coloniale. — Condamné par un juge inique de Rossi la peine de mort le 3 octobre 1921, cette peine de mort fut commuée en celle de travaux forcés à perpétuité. Simon Kimbangu fut dirigé avec ses quelques disciples sur Elisabethville où il fut interné la fin de sa vie. La translation de ses restes fût faite le 2 avril

1960. Actuellement son corps repose dans le « Kinlongo » bâti sur le lieu de Nkamba (Jérusalem) où un magnifique édifice sera érigé en honneur du Saint prophète Simon Kimbangu.

9 : Bernard Dihl

Témoignage choc, Paralysé, Jésus le guérit instantanément.
Émission « Carrément Bien » NDML. 274 k abonnés. 17 k pouces. 332 395 vues, publié le 25 oct. 2022

B.D: Je m'appelle Bernard Dilh je suis marié, papa de six enfants trois garçons et trois filles, je suis diacre permanent dans le diocèse de Nice, incardiné dans le diocèse de Nice.
N.D.M.L: A 17 ans le diagnostic tombe: sclérose en plaques vos jambes se paralysent peu à peu. Dites-nous en plus.
B.D: La médecine avait diagnostiqué que j'avais une sclérose en plaques maladie incurable maladie irréversible qui tout doucement paralyse tous les muscles du corps mais moi c'était à évolution fulgurante, puisqu'en l'espace de trois ans j'avais perdu toute sensibilité dans le bas des jambes, le bas des reins, voilà. Tout était mort je ne sentais plus rien et là les médecins ont dit à mes parents que je ne remarcherai plus que c'était terminé que j'avais peut-être même une espérance de vie qui n'irait pas au-delà de 30 ans. [...]
N.D.M.L: Votre tante vous invite alors chez elle pour que son groupe de prière prie pour vous et là le miracle se produit. Que se passe-t-il ?
B.D: Le 18 octobre au petit déjeuner elle me dit écoute Bernard il y a des personnes qui vont venir prier ce soir: est-ce que tu acceptes de participer à ce temps de prière que nous allons avoir ensemble dans la maison ? [...]
N.D.M.L: Quelles sont les conclusions officielles du corps médical ?
B.D: tout est redevenu normal comme si j'avais jamais eu de sclérose en plaques. C'est ça qui est incroyable, c'est ce qui était inexplicable pour le corps médical aujourd'hui encore [...]
Quelques temps plus tard j'ai été amené à témoigner à Toulouse dans un grand amphithéâtre gigantesque et là j'ai été surpris parce qu'il y avait quand même beaucoup de blouses blanches dans cette amphithéâtre et je comprenais pas pourquoi il y avait autant de blouses blanches, je dis mais c'est quoi ce truc-là ? Et en fin de compte c'était l'Université de Toulouse, la Faculté de médecine de Toulouse là où j'étais venu témoigner. Donc quand j'ai témoigné de ma guérison tout s'est bien passé, sauf que quand j'ai commencé à témoigner de la guérison de cette femme là j'ai entendu des ouh faites le taire et puis j'ai commencé à recevoir des bouts de gomme, des crayons des papiers, des oranges, même des pommes que j'ai reçues comme pour me faire taire. Faites-le taire, faites-le taire, j'entendais dans la salle. Et là j'ai vu un homme 60-65 ans se mettre debout avancer venir vers le podium monter sur l'estrade et là tout le monde s'est tu il me dit est-ce que je peux prendre le micro ? Mais je dis oui je peux plus rien dire de toute manière, et là le médecin il dit bah écoutez vous me connaissez tous je vous enseigne l'obstétrique depuis des années et je viens de comprendre comment ma patiente a été guérie aujourd'hui. Donc j'arrête l'enseignement de l'obstétrique ici. J'arrête parce que je n'ai plus rien à faire ici je dois me remettre en question dans beaucoup de domaines. Et ce médecin est parti en Afrique soigner, aider les femmes en Afrique à mettre leur enfant au monde et à concevoir leur enfant, voilà. [...]
N.D.M.L: Un jour vous voyez Jésus face à face pendant 5 heures, votre vie en est complètement chamboulée. Racontez-nous.
B.D: A 2h du matin, excusez-moi, parce que chaque fois que je pense à cet événement, c'est toujours très dur pour moi de le dire parce que j'ai vécu quelque chose d'exceptionnel. A 2h du matin j'ai entendu mon prénom: Bernard, alors je me suis retourné j'ai vu qu'il y avait personne, j'ai dit ou là tu commences à fatigué il va falloir que tu ailles te coucher. Et là: Bernard, je me retourne, bon, ça suffit ! Qui est-ce qui me fait une farce ? Là ça suffit qui est là ? Il y a eu trois flashs lumineux qui ont apparu devant mes yeux et la pièce est devenue comme ronde circulaire le tabernacle a disparu devant mes yeux et là j'ai vu pendant 5 heures durant: la Passion du Christ, de l'agonie jusqu'à ce que Jésus meurt sur la croix. Et cet événement-là, je l'oublierai jamais. Si vous avez vu le film de Mel Gibson la Passion du Christ, vous mettez un coefficient 10, 100 dessus pour voir ce que j'ai vu. Parce que quand on dit que le Christ n'avait plus figure humaine, oui il n'avait plus la figure humaine. Son nez pendait sa joue pendait son œil sa paupière pendait son épaule était comme lacérée par le poids de la croix qu'il avait portée, le corps était en lambeaux de la tête aux pieds. Et ce qui était le plus dur c'était de voir le regard de Jésus sur moi: un regard d'amour.

10 : Emilie Ines

#31MediaChretien 3,6 k J'aime, 88 174 vues, le 27 Avril 2021, 592 commentaires
www.youtube.com/watch?=KWMOOWcGLrQ . Vidéo regardée et retranscrite le 19/08/2022

Bonjour, je m'appelle Emilie Ines. Je veux partager avec vous une expérience de mort imminente que j'ai eu et où j'ai vu Jésus-Christ debout devant ma cheminée et comment cette expérience a changé toute ma vie.

Je veux commencer par dire qu'avant de voir Jésus je ne croyais pas en Jésus, mais je croyait en Dieu. Mais je n'avais aucune religion au point de le voir. Et je veux dire qu'avant je voulais réellement être un avocat. Je suis allée à l'université. J'ai eu une licence. Je viens juste de finir mes études en Sciences politiques et j'étais prête à me lancer. Mais quand j'ai vu le Seigneur tout a changé. Donc je veux partager cela avec vous avec l'espoir de pouvoir aider autant de personnes que possible; qu'ils pourront comprendre que jésus est réelle et que si nous ne nous repentons pas de nos péchés nous iront en enfer. Alors je veux commencer mon expérience. Ce qui s'est passé ce jour-là. Donc j'étais vraiment très malade et je me suis allongé sur mon canapé dans mon salon. Et j'ai commencé à me rendre compte qu'il était très très difficile pour moi de respirer. C'était devenu de plus en plus difficile alors que j'étais allongée là pour pouvoir respirer. Et puis soudainement j'ai entendu une voix. C'était comme ma voix intérieure disant tu vas mourir et j'étais d'accord avec ça. Je veux dire je voulais juste lâché prise et me laisser aller. La chose suivante dont je me souviens en ouvrant mes yeux: j'ai vu Jésus se tenant debout devant ma cheminée. Il était vêtu d'une robe blanche et ça resplendissait. C'était d'une lumière que je n'avais jamais vu auparavant et que je ne reverrai probablement jamais jusqu'à ce que je le vois ou jusqu'à ce que j'aille dans l'au-delà. Il y avait cette couronne sur sa tête qui brillait d'une lumière d'or, et c'était comme si elle avait de l'eau comme texture, comme la lumière qui a une texture, vous savez. Le seul endroit proche où j'ai jamais vu cette couleur c'est dans le ciel, parfois je vois quelque chose qui ressemble à cette couleur, mais ce n'est pas exactement cette couleur. Je n'ai jamais vu cette couleur auparavant, jusqu'à ce que je vois Jésus. Mais comme je l'ai dit je ne connaissais pas Jésus avant que mes yeux ne le voient. Mais quand mes yeux l'ont vu je savais exactement qui je regardais, et ses yeux étaient justes les plus belles choses que j'ai jamais vues. C'était la chose la plus magnifique que j'ai jamais vue dans ma vie, et à ce moment-là il me parlait des choses; et c'était à propos des questions... des questions à propos de l'univers et je ne me souviens pas exactement de la plupart des choses qu'il a dit parce que sa bouche... Laissez-moi vous dire une chose: sa bouche n'a jamais bougé, c'était comme lui et moi on se parlait par télépathie. Il n'y avait pas de mot, et la dernière chose qu'il m'a dit est de témoigner et c'est pourquoi vous êtes en train de me regarder aujourd'hui, parce que je suis une personne très très privée. Je n'aime pas faire des vidéos de moi-même, mais pour Jésus je le ferai et je n'oublierai jamais le regard de son visage quand il m'a dit de témoigner. Et je savais qu'il m'aimait. Quand Jésus te regarde tu sens qu'il t'aime plus que toute autre personne. Donc je suis ici pour vous témoigner aujourd'hui que Jésus-Christ est la vérité la vie et le chemin, et c'est la seule vérité dans ce monde. Tout ce que j'ai appris à l'école je ne sais pas si c'est vrai ou pas, je ne sais juste pas, ça pourrait être; mais je ne peux pas baser ma vie et mon salut sur des demi-vérités, et donc je veux juste vous dire que si vous n'êtes pas sauvés dans le Seigneur il est temps de le faire. Il est temps d'avoir une bible; il est temps de commencer à la lire parce que Jésus a dit il y à même de cela deux mille ans que le temps est proche, que la fin du monde approche; que le jugement de Dieu arrive sur nous. Donc merci frère et soeur de m'avoir écoutée aujourd'hui. Ce que j'ai dit est 100% de mon coeur et 100% vrai. J'ai vu le Seigneur Jésus-Christ et je veux que vous priez avec moi maintenant: Seigneur Jésus quiconque regardera cette vidéo; s'il-te-plaît touche leur coeur, Jésus, parce qu'il ne regarderait pas s'il ne te cherchait pas maintenant. Je veux vous montrer la cheminée où j'ai vu le Seigneur et donc voici la cheminée où j'ai vu Jésus se tenant debout: la voilà ! Je voulais juste partager cela avec vous que Dieu vous bénisse ! Au revoir.

11 : Carolina Rivera Munoz
Love Jesus. J'ai vu Jésus. 1,08 k abonnés. 2,1 k pouces. 44502 vues, le 20 juillet 2019

Bonjour je vais vous partagez un témoignage qui commence à l'âge de 19 ans. Donc à partir de cet âge là j'ai fait une prière à Dieu et je le dis seigneur je suis en (...) de toi. Et à partir de là j'ai commencé à mal agir et de ces mauvais agissements j'ai commencé à avoir la sensation que je me faisais atoucher et violer la nuit et c'était vraiment très réel. Probablement ça venait du mal, certainement même. Et tous les soirs j'avais cette sensation. Et à un moment donné j'en pouvais plus donc je me suis dis peut-être qu'il faut que tu jeunes et que tu pries; et c'est ce que j'ai essayé de faire sauf que mes parents, comme ils sont pas croyants du tout et que j'habitais chez eux, ils m'ont empêché de le faire, donc j'y arrivais pas. Et ce qui faisait que je désespérais encore plus jusqu'au jour où j'ai commencé à m'isoler complètement dans ma chambre. Je m'isolais sans arrêt, enfin tous les jours je restais enfermée dans ma chambre. Et une après-midi je me suis couchée et je sentais à nouveau ces attouchements et cette sensation de viol. Et là j'ai commencé à désespérer et aussi j'étais à bout. J'ai prié Dieu et j'ai dit Dieu, s'il te plaît aide-moi, sauve-moi, délivre-moi, aide-moi ! Et je me débattais, je me débattais. Et à ce moment-là je croyais pas vraiment en Jésus, je doutais de lui, on va dire. Et donc que je me suis... J'ai les yeux qui ont tourné derrière ma tête, et le coeur qui s'est arrêté. J'ai senti le cœur s'arrêter. Et là j'ai commencé à avoir tout sombre; et autour de moi j'entendais des voix qui disaient elle est mauvaise, elle est méchante. Et ils m'insultaient de tous les noms, de toutes sortes de gros mots. C'était atroce et ensuite j'entends une voix au-dessus de moi qui me dit: dis-moi la vérité. Et de là j'ai commencé à dire la vérité, et je sentais mon âme qui montait, parce que c'était assez léger. Je me sentais légère et je sentais mon âme monter. Et plus je disais la vérité, et plus mon âme montait. Et quand je suis arrivé à un moment donné je commence à voir de la lumière, et de cette lumière j'entendais des oiseaux; des oiseaux qui chantaient. Et je voyais le ciel, et à ma gauche je voyais un ange, quelqu'un, une tenue un vêtement d'abord couleur crème, et j'étais dans les bras de cette personne en fait. Ma tête était posée sur son bras droit et j'étais allongée sur ses jambes et le reste de mes jambes étaient sur l'herbe en fait parce qu'on était assez sur l'herbe. Lui était assis sur l'herbe et moi allongée sur l'herbe. Là un moment donné, je voyais ma robe maman qui était blanche comme la neige, et je sentais des chatouilles à mon mollet. Et je ne comprenais pas et je ne faisais pas confiance à cette personne qui était à ma gauche. Et du coup j'ai levé la tête, j'ai bougé la tête pour regarder ce qu'il faisait. Et en fait cette personne était en train de m'arranger ma robe, ce qui a fait que j'ai gagné… j'ai eu confiance en cette personne parce qu'elle ne m'a pas touché mais qu'elle arrangeait. C'était vraiment réel je sentais vraiment des chatouilles c'était vraiment vraiment comme si j'étais en chair et en os à ce moment là. Et là, je vois cette personne qui était à ma gauche et en fait elle était mat de peau, les cheveux assez foncés, les cheveux noirs, une barbe noire et il regardait droit devant lui comme s'il avaient une mission enfin comme s'il avait quelque chose d'important à regarder là-bas devant lui. C'était pas pour rien qu'il regardait droit devant lui. Et il regardait comme ça. Et je le regardais, j'étais admirative et je sentais comme si j'étais dans le bonheur complet. J'étais heureuse, j'avais l'impression d'avoir retrouvé mon innocence, une innocence de nouveau née qui était dans les bras de son père. Parce que j'avais l'impression que j'étais aimée par un père. C'était la sensation que j'avais, qu'il était tout, tout pour moi; et que j'avais besoin de rien d'autre. Et là, donc il regardait droit devant lui, et il y a quelqu'un qui arrive, une personne, un ange, je pensais que c'était un ange à ce moment là, habillé en blanc aussi une robe blanche, qui était blanc; et qui arrivait et donc du coup il va derrière cet homme qui me prenait dans ses bras, il est allé derrière lui comme ça, et sa tête quand il s'est penché vers cet homme et il lui a dit: oui mais elle a fait ça, elle a fait ci, elle est mauvaise. Et là l'homme lui dit: ça suffit ! Et il continue à regarder droit devant lui, et je pense, j'ai pensé après du coup que c'était Satan du coup qui s'adressait à cet homme. Et du coup il s'est tue. Satan a arrêté de parler. Et là je le regarde et je lui dis: qui es-tu ? Et il tourne la tête vers moi, il me regarde, et il me dit: à ton avis. Et là il regarde à nouveau droit devant lui parce que j'avais l'impression que c'était vraiment important pour lui. Il regardait droit devant lui comme s'il regardait ma vie, en fait, le cours de ma vie; ou qu'est-ce qu'il allait faire ou chercher des solutions. En tout cas je me suis demandé pourquoi il faisait ça. Et là je lui ai répondu c'est toi Jésus ? Et il a fait un sourire que j'ai vu sur le côté, il a fait un sourire que j'ai tout de suite compris que c'était lui quoi, que c'était Jésus. Alors je lui ai dit: oui, je crois que c'est toi Jésus. Et là il y a Satan qui ressaie et qui lui dit: oui mais elle a fait ça elle a fait ci elle est mauvaise, elle a fait plein de mauvaises choses. Et là il y a Jésus qui lui dit: ça suffit ! Va-t-en ! Et en une phrase il a fait partir Satan. Et de là j'étais impressionnée parce qu'en fait je voyais cet homme comme s'il était majestueux, il m'a impressionné. Il n'a pas eu besoin de crier, ni rien il était… il avait une autorité, voilà, sans avoir à crier, sans avoir à… tout simplement il a dit: ça suffit ! Va-t-en ! Et du coup j'étais impressionnée par cet homme parce qu'il dégageait la simplicité, de l'humilité et il était simple, simple, et tellement humble. C'est vrai je le répète mais c'est ce qu'il dégageait et c'était ce que je ressentais en lui. Quand je l'ai vu il m'a inspiré cette personne majestueuse et voilà. Et du coup à un moment donné il prend une Bible à sa gauche et au moment où il allait me la poser, j'ai vu il y avait devant écrit la sainte Bible. La sainte Bible en doré. Il me l'a posée sur la poitrine, là ce niveau-là et là il m'a dit: va et ne pêche plus. Et je me suis réveillée. J'étais tellement frustrée, tellement frustrée de devoir me réveiller et de voir que je n'étais plus dans ses bras parce que j'étais tellement bien ses côtés, que je suis tombée malade et j'ai pas arrêté de… je déprimais quoi, j'étais pas bien; je voulais me laisser mourir. Je n'arrivais plus à manger donc mes parents se sont inquiétés et ils m'ont envoyé en psychiatrie, parce qu'ils ne savaient vraiment plus comment faire pour m'aider. Et donc du coup je ne mangeais plus je ne buvais plus et quand je suis arrivée à l'hôpital j'ai succédé les hospitalisations parce que j'avais donc des pensées suicidaires; et j'étais encore tourmentée parce que j'avais mal agi. Et donc du coup j'ai vécu comme ça à un moment. Jusqu'au jour où je suis sorti avec quelqu'un on est resté ensemble six ans je n'ai eu aucune hospitalisation durant cette relation parce que finalement l'instinct de survie était revenu. […]

Information complémentaires obtenues par échanges-mails en mai 2023:
Je m'appelle Carolina Rivera Munoz. Je suis née en Guyane. J'ai beaucoup souffert durant mon enfance (maltraitance). Une tante m'avais parlé de Jésus mais je ne savais pas que Jésus était Dieu. Je me suis beaucoup attachée à lui. Il a été ma force durant toutes les épreuves que j'ai traversé. Et aujourd'hui encore je l'aime et espère au retour de son règne.
Jésus était mate de peau, les cheveux noir comme du charbon légèrement frisés qui lui arrivait jusqu'aux épaules. Il avait une belle barbe bien soignée, il avait les yeux marrons. Il est beau. Mais tellement simple, humble, doux, délicat. Il arrangeait ma robe au niveau des mollets je sentais des chatouilles c'était tellement réel. Il portait une tunique en lin pur. Il portait un parfum très agréable incomparable aux parfums terrestre.

On aurai dit un mélange d'huiles parfumées. Il n'avait aucun bijoux. Il se présentait vraiment de manière simple. Et pourtant il était majestueux.
Je vous souhaite de vivre cela un jour c'était le plus beau moment de ma vie. Le seul moment où j'ai compris où et qui était le Bonheur. C'est Jésus le vrai Bonheur.
Je lui suis tellement reconnaissante de m'avoir donné le privilège d'exister. Parce qu'il nous réserve la vie Eternelle à ses côtés, où il n'y aura plus de larmes, plus de souffrance, plus de peine, de méchanceté. Et où j'ai pu connaître le Dieu le plus merveilleux de l'univers : Jésus Christ, qui cherche ses enfants et les appelle pour goûter à cette magnifique espérance.

12 : Khadidja Diakité
120 k abonnés. 234 pouces. 10244 vues, pub. le 29 mars 2019.
TopChrétien. MyStory - Khadija : J'ai rencontré Jésus sur mon tapis de prière.

Je m'appelle Khadija Diakité, je suis originaire de la Côte d'Ivoire. J'étais musulmane. Je viens d'une famille musulmane pratiquante et j'ai rencontré le Seigneur en 2000... 2008 je me suis fait baptisée en fait. Mais c'est un cheminement. Mais j'étais vraiment pratiquante je faisais mes cinq prières, le ramadan... Voilà, tout ce qu'il fallait faire pour une musulmane. Et parce que mes parents... Mon père est parti à la Mecque, ma sœur qui me suit, et tout. Et moi je suis venue en 90 en France, j'étais vraiment plus qu'assidue dans mes prières et tout. Et il s'avère qu'en 99 je suis allée au Etats-Unis parce que j'ai fait mes études en France à Aix-en-Provence, je suis partie sur Paris et en 99 je suis allée aux Etats-Unis. Et là-bas je me suis procurée une Bible pour pouvoir améliorer mon anglais, parce que je m'étais inscrite à l'université en fait. Et j'ai fait mon cheminement et je suis revenue en France en 2003 et j'ai acheté une autre Bible. Et j'étais dans le bus et je lisais la Bible dans le bus. Et il y a un monsieur qui m'a demandé si j'étais musulmane et j'étais fière de lui dire que j'étais musulmane. Et il m'a dit vue que vous n'êtes pas chrétienne et je vous vois entrain de lire la Bible, essayez de commencer par le nouveau testament, parce que moi je lisais l'ancien testament. Donc je ne l'ai pas écouté et j'ai continué à lire l'ancien testament et que je trouvais que c'était dur. Et je suis allée en... comment on appelle ? Dans le Sud de la France pour du boulot. Et j'étais sur mon tapis de prière, puisque je faisais mes prières mes cinq prières par jour. Et il s'avère que je me suis rappelée d'une parole de mon professeur coranique, puisque je faisais l'école coranique comme l'école du dimanche chez les chrétiens et il me disait dès que tu finis de faire tes sourates tu restes sur ton tapis de prière et tu demandes à dieu, tu parles à dieu comme tu me parles. Et moi c'est ce que je faisais depuis longtemps et à cette période-là j'était vraiment... je pense que mon cœur cherchait vraiment le seigneur; mais je ne savais pas que je le cherchais. Et j'avais des soucis à mon travail et tout. Donc vraiment je parlais au Seigneur. Et je lui ai dit bon maintenant ça suffit maintenant s'il existe vraiment: qu'il se manifeste, qu'il me montre des signes comme quoi il existe quoi parce que, on me dit chez les musulmans il paraît que c'est le bon, chez les chrétiens..., je ne sais plus où il est, chez les hindous. Donc vraiment c'est comme si je l'avais mis au défi. Et à peine j'ai fini de dire ça je me suis vue ravie en esprit. Mais j'avais pas compris le mot ravi, c'est après que je l'ai vu dans la Bible en fait. En quelques secondes j'étais plus là où j'étais en fait, en esprit. Donc je me suis retrouvée dans une immense cité, blanc comme la neige et plus éclatante. Et je vois quelqu'un qui est assit sur un trône, sur un grand fauteuil, et il m'a pas parlé; mais je comprenais ce qu'il me disait en fait. Et il me regarde, j'étais comme une tache noire à côté de lui. Et à peine il tourne son visage comme ça pour me regarder et, franchement, j'étais rempli d'un amour que je ne peux pas expliquer. De l'amour, la paix, la relation, j'étais vraiment enveloppée de cet amour là. On ne peut pas l'expliquer tant que on ne l'a pas expérimenté. Et donc en quelques secondes je reviens à moi et sur mon tapis de prière, et j'avais vraiment cette paix-là qui était en moi. Et là je me suis rendue compte que je n'avais pas rêvé que c'était réel en fait. Parce que je sentais cette paix-là en moi et cette assurance, cette joie que je peux expliquer. Bon je suis restée dans cet état d'esprit pendant un bon moment. Parce que... quand je... Je ne savais pas que c'était Jésus que je venais de rencontrer. Je savais que c'était un être vraiment divin mais je ne savais pas que c'était Jésus. Et je me suis dit purée t'a intérêt à ne pas raconter ça à quelqu'un on va te prendre pour une folle. Et j'ai fait mon cheminement et je continuais à lire la Bible mais je comprenais rien du tout. Et voilà un jour j'étais dans ma chambre j'avais vraiment, j'avais l'impression qu'il allait se passer quelque chose je ne savais pas quoi, mais si je dormais, il allait se passer quelque chose. Et en fait à peine je me suis endormie je me vois tomber dans un gouffre, dans mon sommeil, en fait. Là c'est la deuxième fois que le Seigneur s'est révélé à moi. Et je me vois tomber dans un gouffre agrippée par des créatures et je criais de toutes mes forces et tout. Et je savais que personne ne pouvait me sauver parce que dans ma tête en fait j'ai crié Mahomet mais dans ma tête en fait et je savais qu'il pouvait pas me sauver et le seul nom qui est venu à mon esprit à part Mahomet c'était Jésus. Et à peine j'ai fini de penser que Jésus pouvait me sauver, je me vois, je vois les créatures qui tombent dans ce gouffre et je me vois sortir du gouffre. Et j'étais peut-être même pas a 10 mètres même pas à 5 mètres et je vois cette... je ne sais pas s'il faut dire ce personnage divin qui est là dans ma chambre d'un blanc éclatant, qui était là, en face de moi; et là il m'a... j'ai ressenti la même paix que j'avais reçue lorsque j'étais sur mon tapis de prière. Et il m'a dit qu'il était le chemin, la vérité et la vie. Et là j'ai su que c'était Jésus qui était... que j'avais vu en esprit la première fois. En fait j'ai reconnu la même personne mais cette fois-ci il m'a vraiment dit qu'il était le chemin, la vérité et la vie. Donc voilà. C'est comme ça j'ai rencontré Jésus dans ma vie et c'était clair et net que c'était lui le seul et vrai Dieu. J'ai commencé à lire la Bible, voilà la partie que je voulais préciser, j'ai commencé à lire la Bible, et c'est bizarre je comprenais ce que la Bible voulait me dire. Je comprenais tout. C'est comme si l'esprit m'enseignait en fait. Et c'était clair pour moi et je devais me faire baptiser d'où j'avais compris qu'il fallait que je me fasse baptiser. Donc je me suis repentie dans ma chambre pendant trois jours je pleurais et je voyais tous mes péchés passer devant moi. A chaque fois je voulais monter sur mon tapis de prière je pouvais pas, je me retrouvais à genou entrain de pleurer, et tout. Voilà. Donc franchement le Seigneur il est bon. Et pour les personnes qui ont des doutes et qui suivent un mouvement chrétien au christianisme ou bien les musulmans, je veux juste vous dire que si vous avez ce doute ou si vous pensez que vous êtes vraiment dans la bonne direction ou bien si vous n'êtes pas sûrs, juste mettez-le au défi. Dites-lui s'il existe vraiment qu'il se révèle à vous. Il va vous parler, lorsqu'il va vous parler vous saurez que c'est Jésus qui vous parle. Mahomet c'est pas d... Mahomet c'est un prophète certes, mais la seule personne qui s'est sacrifiée pour prendre vos péchés c'est Jésus. Et il est mort sur la croix pour prendre... Quand on n'est pas en Christ on peut pas comprendre ça. On comprend pas que Jésus est mort sur la croix pour nos péchés. Mais vraiment posez-lui la question demandez lui, et donc, il répondra à votre demande. Voici mon témoignage et soyez vraiment bénis, encouragés et fortifiés.

13 : Rose
#31MediaChretien; Trad. l'anglais-français; 46 410 vues; 29 avr. 2021; 1,8 K pouces levés.

J'ai vu Jésus, oui pour de vrai, j'ai vu Jésus, le vrai Jésus, Jésus-Christ.
J'ai toujours cru en Jésus et, je croyais en la Bible et j'allais à l'Eglise. Mais je n'ai jamais vu la personne dont tout le monde parlait. Je n'ai jamais vu la personne que nous tous on adorait. Et, il y avait des personnes dans mon entourage qui l'avaient vu et je voulais le voir aussi. Et donc l'année dernière je le cherchais vraiment et je le priais en lui disant je veux te voir, je veux te voir face à face, je veux te rencontrer face à face. Et une nuit alors que je dormais et que je rêvais, je l'ai vu. Et c'est comme si le temps s'est arrêté. C'est comme si toutes les choses se sont arrêtées. Il est vraiment très grand. Il était vêtu d'une robe blanche et, il avait une châle de prière, et sa peau est comme d'une brillance: c'est comme de la lumière sortant de sa peau. Et ses yeux, vous savez comme il a dit dans la Bible, ses yeux sont comme le feu. Je n'ai pas vu le feu, je ne sais pas ce que ça veut dire mais quand tu vois Jésus ses yeux sont comme, ses yeux sont comme de l'eau. C'est comme si ses yeux te transpercent, ses yeux te transpercent au point où tu ne peux rien cacher. Tu ne peux pas cacher tes sentiments, tu ne peux pas cacher tes pensées, tu ne peux rien lui cacher. Il voit tout. C'est comme si ça te transperce jusqu'à la racine, et quand je l'ai vu c'était comme l'amour au premier regard. Vous savez, quand tu vois Jésus c'est il est écrit dans Colossiens 1,16 qui dit que nous avons été créés par lui et pour lui. Tout a été créé par lui et pour lui. Donc quand tu vois Jésus c'est si tu vois celui qui t'a créé, que tu vois la personne qui t'a conçu, la personne qui t'a personnalisé. Vous savez, la personne qui t'a créé pour son plan et pour son objectif. Quand tu es face à face avec Jésus c'est comme si rien d'autre ne compte. Après l'avoir rencontré toutes les choses que tu pensais importantes ne sont plus importantes. C'est comme si tu avais une nouvelle mission dans la vie. Je ne sais pas comment l'expliquer: c'est comme si tu avais une nouvelle vision de la vie. Quand tu rencontres Jésus ta vie va changer. Oui j'ai vu Jésus. Mais tu peux aussi voir Jésus. Ce n'est pas que je suis spéciale, ce n'est pas que je suis sainte, rien de tout cela. Croyez-moi, tu ne sais juste pas. Jésus, il y a beaucoup de personnes, si tu vas sur Youtube et que tu tapes: j'ai vu Jésus, tu pourras voir beaucoup de personnes. Des ex-musulmans ont vu Jésus, des ex-athées ont vu Jésus; des ex-vendeurs de drogue, des anciens criminels, des ex-dripeurs, des enfants, toute personne à qui tu peux penser. Il apparait à des gens et il leur apparaît par grâce, parce que personne sur cette terre n'est assez bien pour venir face à face avec Jésus-Christ, pour venir face à face avec le Fils de Dieu, pour venir face à face avec le fils de l'homme, la personne qui est morte pour tes péchés. C'est uniquement par grâce parce que nous ne le méritons pas. Donc peu importe qui tu es, peu importe ton origine, ce que tu as fait et ce que tu fais actuellement. Tu peux voir Jésus et il va changer ta vie. Il n'est pas venu pour te condamner mais il est venu pour te sauver. Il et venu pour sauver le monde. Si tu veux voir Jésus, parles-lui, pries, dis-lui: Jésus je veux te voir, je veux te voir face à face. Je veux savoir si tu es réel, montre-moi ta gloire, et tu pourras le voir, il va t'apparaître, il t'aime. De la même manière que tu veux le voir, c'est de la même manière qu'il veux te rencontrer face à face. J'ai vu Jésus et vous le pouvez aussi. Dieu vous bénisse.

14 : Maya
J'ai vu Jésus, sa couleur n'existe pas dans ce monde !
31MediaChrétien, 11 k pouces j'aime, 503 587 vues, 18 sept. 2021, 1 450 commentaires

Oui je cherchais même quand j'étais adolescente. J'ai toujours cherché la vérité. Je méditais également avec des bouddhistes dans un temple bouddhiste dans le bouddhisme. Je cherchais dans le bouddhisme et je suis allée aussi au Mexique dans la jungle avec les Mayas. Je cherchais la vérité. J'ai toujours cherché la vérité dans ma vie et j'ai toujours eu ce sentiment que je voulais être libre. Je veux être en vie et donc je cherchais partout y compris dans le New Age, mais je n'ai jamais senti de liberté et ma tante qui a donné sa vie à Jésus il y a de cela 25 ans maintenant me disait toujours avec mon oncle: Jésus est la vérité. Et moi j'étais totalement dans le bouddhisme dans le New Age et je disais oui oui, parce que je n'ai jamais vu les preuves dans ma vie; quand j'étais dans le catholicisme, je disais non. Il y a aussi le bouddhisme le chamanisme etc. Oui j'avais l'impression qu'il se passait quelque chose de mieux dans le monde que dans l'église. Et donc ma tante m'a parlé de Jésus ainsi que mon oncle et je disais oui oui. Ça rentrait par cette oreille et sortait par l'autre, et puis nous avons déménagé à Los Angeles. Nous y vivons parce que mon mari devait faire son business de musique et moi une école de théâtre. Au cours de cette période je suis allée dans une école de théâtre en Allemagne. Une fois mon mari a dit: ok ! Allons au Palm désert, parce que nous devons sortir d'ici. C'est trop fou à Los Angeles, Hollywood. Et nous sommes allés à Palm désert qui est vraiment un désert, c'est vraiment tranquille, c'est calme. Oui il n'y a pas beaucoup de monde là-bas et nous avons une amie avec nous elle s'appelle Olivia, elle était avec nous, nous étions comme unis spirituellement ou quelque chose comme ça. Tout le monde était à la recherche de la vérité, et je me souviens qu'une nuit David et moi, mon mari, nous étions assis à l'extérieur dans le jardin et sous les étoiles dans la nuit. Et il a sorti une pipe et il a dit ok on peut fumer ça et nous obtiendrons des réponses: peut-être qu'on se sentira mieux après cela. J'ai dit d'accord et qu'est-ce que c'est ? Et il a dit c'est une herbe de la Salvia que les aztèques et les mayas prenaient pour s'élever et atteindre des êtres supérieurs pour obtenir des réponses. Et je cherchais des réponses pour toute ma vie, j'étais dans une situation où je disais: être acteur, non, ce n'est pas pour moi. Ma carrière musicale n'a pas pris et j'ai dit ok, et nous avons aussi des problèmes dans notre mariage, et beaucoup de choses de l'enfance qui venait à la surface. J'étais vraiment au point où je disais non je ne peux plus être ici dans cet endroit. J'avais tout, nous avons de l'argent nous avons tout. J'ai une belle famille, j'ai un bel enfant mais il me manquait quelque chose dans mon coeur. Alors je me suis dit d'accord et si on... et mon amie Olivia a commencé: elle a pris trois bouffées, et trois bouffées suffisent parce que la salvia; vous prenez seulement trois bouffées et vous voilà déjà pouf en dehors de tout. Et aussi parce que j'ai fumé de la marijuana quand j'étais adolescente et je pensais ha, ce n'est qu'une herbe ce n'est pas chimique, je peux prendre autant de bouffées que je peux. Je voulais être brave et au lieu d'en prendre trois j'en ai pris huit bouffées ou plus et je fus totalement pouf. J'ai fait un black out, j'ai eu très peur ce fut vraiment la panique; et à cette époque j'avais aussi l'épilepsie depuis l'âge de 16 ans. J'étais épileptique, et j'ai entendu de nombreuses histoires de personnes qui sont mortes pour avoir pris des drogues quand elle avait cette maladie. Je sais pas, et j'ai commencé à faire des crises d'angoisse et toutes ces choses, et généralement, cette chose prend deux minutes et ensuite vous êtes sobre mais parce que j'ai pris huit bouffées ou plus ça a duré toute la nuit. On était au lit et je disais je dois dormir parce que je ne peux plus le supporter. Je pensais que j'allais mourir. Le matin alors que tout le monde dormait encore je me suis réveillé exactement à 9 heures du matin, j'ai regardé la montre et j'ai dit: oh mon dieu, je le suis toujours; toujours sous l'emprise de cette chose, toujours aïe, pas moins. Mon coeur battait fortement et je ne pouvais pas respirer, et j'ai pensé: mon heure est arrivée. Je vais mourir, où je ne serai plus normale. Je vais rester comme ça, parce que vous savez il y a tellement d'histoires qui circulent; et j'ai dit: oh mon dieu ! Pourquoi ai-je fait cela ? Pourquoi ai je fait ça ? J'étais tellement paniquée et donc je suis allée dans la salle de bain je me suis mise à genoux et j'ai essayé de méditer comme je le fais habituellement. J'ai l'habitude de méditer le matin mais dans mon esprit je me suis souvenue des paroles de ma tante. Elle m'avait dit si tu es en danger appelle Jésus. A l'époque quand elle me l'avait dit je disais ouais ! Ok ! Mais quand j'étais dans ce moment là et que j'étais vraiment morte de peur, j'ai crié pour la première fois de ma vie. J'ai crié: Jésus, du fond de mon coeur. Et il était là ! Debout devant moi dans sa beauté magnifique: il était là devant moi ! Magnifique ! Je n'ai jamais vu, je n'ai jamais vu quelqu'un comme lui, si beau avec les plus beaux yeux au monde ! Personne n'a sa couleur. Et il m'a prise dans ses bras et le temps s'est arrêté. C'était seulement moi, c'était seulement lui et moi. Et il était si grand, j'étais comme une enfant, de la taille d'une enfant; et il était si grand. Et il est descendu pour me regarder droit dans les yeux. Il vint pour me regarder dans les yeux et je me demandais pourquoi descendre rien que pour moi ? Oui et il me parlait mais avec amour. Je n'ai jamais entendu quelqu'un parler comme lui, personne ne parle comme lui: des paroles merveilleuses et d'or sortaient de lui, des paroles d'or. Il m'a donné toutes les réponses dont j'avais besoin, toutes les réponses et il souriait tout le temps. Il a ce beau sourire et wha ! Il ressemble à un roi, oui le roi se tenait devant moi, mais il ne s'est pas comporté comme un roi. Il était si adorables. Il n'y a pas de mots pour le dire, et il souriait tout le temps. Il m'a aussi donné des câlins. C'était très proche: émotionnel ! Vous savez, il est vraiment… Je pensais pourquoi prendre tout ce temps pour moi ? Parce qu'il a pris beaucoup de temps pour moi, je veux dire pourquoi moi ? Il y a tellement d'autres personnes dans le monde, pourquoi prend-il tout ce temps pour moi ? J'avais cette question et il souriait bien-sûr. Il a lu dans mes pensées, il a dit tu n'as pas besoin de prendre ça pour me trouver. Personne n'a besoin de prendre ça pour me trouver. Juste appelle-moi. A partir de ce moment-là, j'ai su que ce qui est écrit dans la bible est vrai: frappez et je vais vous ouvrir la porte, demandez et il vous sera donné; et à partir de ce moment j'ai su que cela est la vérité. C'est lui la vérité, il est la vie, il est il est le chemin. Et puis le ciel s'est ouvert, les nuages se sont ouverts et quelqu'un était en train de l'appeler et il leva les yeux et dit: « *il est temps de partir* », et puis il leva il a levé ses mains comme ça, et il était oui il est allé au ciel. C'était comme un ascenseur et quand j'ai levé les yeux vers le ciel j'ai vu les disciples, j'ai vu les disciples et puis de la lumière et de l'amour sont sortis du ciel pour descendre sur moi. Je regardais et ils souriaient parce que je pensais oh je veux partir avec toi s'il te plait, je veux venir avec toi. Et il lisait dans mes pensées, il a dit non, c'est trop tôt pour toi. Je te connais, je te comprends, mais c'est trop tôt et il souriait; et beaucoup de gens étaient là aussi; pas seulement les disciples, et ils se tenaient la main. Cela ressemblait à une grande fête d'amour tout le monde était content. Il y avait la liberté, il y avait tout tout ce que vous ne pouvez même pas imaginer. C'est l'endroit où tout le monde devrait aller; et puis les nuages se sont fermés. Le ciel s'est fermé et puis je me suis réveillé, et j'étais sobre. J'étais tellement sobre. J'étais si heureuse, j'ai tellement de liberté maintenant; tellement de liberté dans mon coeur. Je suis si reconnaissante, tellement reconnaissante pour cela. Si vous désirez avoir une relation personnelle avec Dieu à travers la personne du Seigneur Jésus-Christ vous pouvez simplement faire la prière suivante du plus profond de votre coeur, dite: Seigneur Jésus Christ je reconnais que je suis une personne qui a péché contre Dieu, je reconnais que c'est par amour que tu es mort à ma place à la croix du Calvaire pour me sauver, pardonne tous mes péchés, viens dans mon coeur et réconcilie moi avec Dieu; je t'acceptes aujourd'hui comme mon sauveur personnel et mon seigneur. Amen.

BIBLIOGRAPHIE

BRONNER Gérald (2022), *Comme des dieux*, Paris, Grasset.

(2010), Actualité des croyances collectives, in *L'Année sociologique,* vol. 60, 1, pp. 11-18.

DURKHEIM Emile (2022), *Le fait religieux.* Préface de GENIN Vincent, Le religieux, consolation nécessaire. Paris, éd. Payot et Rivages.

(2002), *L'avenir de la religion.* Collection Les Classiques des Sciences sociales.

ELLUL Jacques (2018), *La subversion du Christianisme,* Paris, Seuil, La Table Ronde.

GOTMAN Anne (2013), *Ce que la religion fait aux gens. Sociologie des croyances intimes,* Paris, Editions de la Maison des Sciences de l'Homme.

HERVIEU-LÉGER Danièle (2010), Le partage du croire religieux dans des sociétés d'individus, in *L'Année sociologique,* vol. 60, 1, pp.41-62.

LA ROCCA Fabio, (2007), Introduction à la sociologie visuelle, in *Sociétés,* 1, 95, pp. 33-40.

LASSAVE Pierre (2011), *L'appel du texte. Sociologie du savoir bibliste,* Rennes, PUR.

(2008), Entre sociologie et anthropologie des religions, in *Archives de sciences sociales des religions, 142, avril-juin, Varia.*

LATOUR Bruno (2014), Formes élémentaires de la sociologie. Formes avancées de théologie, in *Archives de sciences sociales des religions, 167, juillet-septembre.*

LAURIN Nicole (1998), La question de Dieu dans la sociologie, in *Théologiques,* 6/2, pp. 25-32.

MINNERATH Roland (2022), *Jésus avenir de l'homme,* Paris Les éditions du Cerf.

SIMMEL Georg (1964), Problèmes de la sociologie des religions. In *Archives de sociologie des religions,* n°17, pp. 12-44.

STOCZKOWSKI Wiktor (2019), *La science sociale comme vision du monde. Emile Durkheim et le mirage du salut,* Paris, Gallimard, NRF Essais.

TRIGANO Shmuel (2001), *Qu'est-ce que la religion ? La transcendance des sociologues,* Paris, Flammarion.

WILLAIME Jean-Paul, Le Pentecôtisme: contours et paradoxes d'un protestantisme émotionnel, in *Archives de sciences sociales des religions,* n° 105, pp. 5-28.

TABLE DES MATIÈRES

Résumé

Aujourd'hui la multiplication des visions de Jésus-Christ permet de revenir sur *la question de l'origine de la religion* initiée par Emile Durkheim. La religion comme système de croyance émerge-t-elle d'une adhésion totémique ou d'une vision transcendante ? Qu'est-ce que ces croyants visionnent de nos jours (qui ne sont pas *la fin des temps* dont il est écrit *voici Il vient sur les nuées et tout œil le verra*) : dieu ou idole Jésus ou sosie ? Comment opère le mécanisme de la vision ? Telle est le questionnement qui préoccupe; auquel on tente de répondre en enquêtant, et analysant douze visions recensées sur Internet.

Printed by Books on Demand GmbH, Norderstedt / Germany